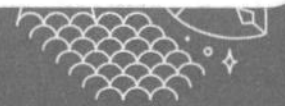

L. B. SATIS & T. K. YONGDROUP

L'ORACLE DE LA VIERGE

Mieux se connaître et se réaliser

Jouvence éso

Dans la même collection aux Éditions Jouvence

L'Oracle du Bélier (20 mars - 20 avril)
L'Oracle du Taureau (21 avril - 21 mai)
L'Oracle des Gémeaux (22 mai - 22 juin)
L'Oracle du Cancer (23 juin- 22 juillet)
L'Oracle du Lion (23 juillet - 22 août)
L'Oracle de la Vierge (23 août - 22 septembre)
L'Oracle de la Balance (23 septembre - 22 octobre)
L'Oracle du Scorpion (23 octobre - 22 novembre)
L'Oracle du Sagittaire (23 novembre - 22 décembre)
L'Oracle du Capricorne (23 décembre - 21 janvier)
L'Oracle du Verseau (22 janvier - 20 février)
L'Oracle des Poissons (21 février - 19 mars)

Catalogue gratuit sur simple demande.

ÉDITIONS JOUVENCE
France : BP 90107 - 74161 Saint-Julien-en-Genevois Cedex
Suisse : Route de Florissant, 97 - 1206 Genève
Site Internet : www.editions-jouvence.com
E-mail : info@editions-jouvence.com

ISBN : 978-2-88953-466-1

Maquette de couverture et intérieure : Charlotte Thomas
Couverture : Éditions Jouvence
Composition : Virginie Cauchy
Illustrations : Charlotte Thomas et iStock © Alisovna

SOMMAIRE

AVANT-PROPOS

Chères lectrices et chers lecteurs,

Rien de nouveau sous le soleil nous disait l'Ecclésiaste il y a plus de 2000 ans. Le temps passe, mais nous restons pris dans la nasse des mêmes désirs, angoisses et paradoxes. Qui suis-je ? Où vais je ? Et pourquoi suis-je là ? Sur ces sujets, avons-nous plus de réponses aujourd'hui qu'hier ? Rien n'est moins sûr. Et ce fameux « progrès » qui nous a surtout éloignés de nous-mêmes et de notre nature (dans tous les sens du terme), n'arrange pas les choses.

Heureusement, des petits cailloux lumineux ont été semés sur la route des chercheurs. Ce sont les étoiles, les planètes, ainsi que la somme des informations collectées à leur sujet par des milliers d'individus sur des centaines de générations : nous parlons de l'astrologie, cette voie aussi vieille que le monde.

Bienvenue dans ce monde passionnant !

Nous vous souhaitons un très bon voyage parmi les étoiles et les planètes.

L. B. Satis et T. K. Yongdroup

INTRODUCTION

« J'peux pas, j'ai astro »

À l'heure où fleurit l'astrologie sur Instagram, façon *life style* ou décalée, et alors qu'elle s'invite jusque sur les robes de prêt-à-porter ou dans les rentrées astro-littéraires, une évidence tombe du ciel : l'astrologie se refait une beauté. Cela fait écho à notre besoin de sacré, et à notre recherche de sens. Mais quand il s'agit de traverser le miroir, de mettre sérieusement et sincèrement la main à la pâte, elle reste toujours aussi sibylline.

L'horoscope

Vous entendez dire que Pluton est rétrograde, que vous allez sans doute vous prendre une météorite sur le coin du nez mais qu'il faut « accompagner le mouvement »... Que la nouvelle lune approche, que c'est donc le moment de poser vos intentions tout en portant un beau bracelet mêlant obsidienne noire et améthyste... Que vous êtes Vierge et qu'à partir de là, il est normal que vous soyez quelque peu tatillon.

D'un côté, c'est inspirant cette touche « magique ». Et cela vous donne la sensation d'être relié à une voie très ancienne. De l'autre, cela laisse dubitative votre petite voix intérieure qui vous susurre que c'est peut-être un petit peu plus subtil que cela...

Effectivement, ce n'est pas exactement la vision de l'astrologie que nourrissaient Ptolémée, Newton ou Galilée, à une époque où elle n'était pas différenciée de l'astronomie. Précisément, l'astrologie comptait parmi les disciplines que tout savant se devait de connaître. Quant aux rois et reines du passé qui prenaient soin de garder auprès d'eux des astrologues de renom, ils ne se seraient pas contentés de conseils à la petite semaine pour savoir s'il fallait envahir un pays ou contracter un mariage avec telle ou telle famille.

Tout cela pour vous dire que cet art majeur a beaucoup – plus – à offrir que vous ne l'auriez peut-être imaginé... Avec de la précision en bonus !

Notre proposition

Dans cet ouvrage, nous aimerions vous faire découvrir **une dimension de l'astrologie qui vous place au rang d'acteur ou d'actrice de votre vie**. *Exit*, la position de victime de la fatalité.

Mais point de promesses douteuses, soyons clairs : ce livre ne fera pas de vous un astrologue. Plutôt un néophyte éclairé, familiarisé avec les principaux éléments de cet art millénaire. Ainsi équipé, vous serez en mesure de comprendre les éléments de base de cette science symbolique… Car tout est là : dans le symbole.

Mais qu'est-ce qu'un symbole ?

Symbole : « *Objet sensible, fait ou élément naturel évoquant, dans un groupe humain donné, par une correspondance analogique, formelle, naturelle ou culturelle, quelque chose d'absent ou d'impossible à percevoir*[1]. »

En nous vivent nos lointains ancêtres, qui étaient naturellement connectés aux mystères d'un Univers où chaque élément, arbre, pierre, vol d'oiseau, comète, éclipse, phase lunaire était indicateur de quelque chose de présent ou à venir qu'il fallait décrypter…

Progressivement, un sens fut donné à ces manifestations. Cela généra des histoires, des mythes, et des représentations sous la forme d'images synthétiques : les symboles.

Exemple : Jupiter est un personnage mythologique, symbolisé par la foudre. Si je porte sur moi une représentation de la foudre, alors, Jupiter m'accompagne et me protège.

Ces symboles, donc ces dieux, constituent justement l'alphabet du langage astrologique.

Nous ne les comprenons plus, pourtant ils nous composent, et notre thème astral en est l'illustration.

1. Définition tirée du Centre national de ressources textuelles et lexicales (CNRTL).

Et si, en s'appuyant sur notre quotidien, il était possible de se reconnecter à ces symboles ainsi qu'à leur potentiel ?

D'une pierre, deux coups. En retrouvant les clés de ce langage, nous porterons un regard renouvelé sur notre existence.

L'enjeu de ce livre

Notre but : vous aider, grâce à la compréhension de ces différents symboles, à accéder à des réalités agissantes dans votre existence, bien qu'invisibles jusque-là.

Ainsi, quand nous évoquerons les signes du Zodiaque, les aspects, les maisons et les modes, vous serez systématiquement invité à vérifier de quelle façon vous reconnaissez - ou non - cela dans votre existence.

La finalité des exercices que nous vous proposons n'est pas tant de connaître l'avenir, que de vous découvrir vous-même. À partir de là, vous en viendrez progressivement à comprendre que vous êtes la clé qui ouvre toutes les portes, et que votre place n'est pas tant dans un signe ou un autre, mais au cœur du Zodiaque. L'astrologie deviendra ainsi une aide précieuse pour faire face aux défis et choix de votre vie.

À partir du moment où nous sommes centrés, quels que puissent être les événements qui adviennent, il nous est plus facile de poser l'acte juste au moment adéquat.

Simple comme bonjour

« Quelle énergie dois-je mettre en œuvre, et dans quel secteur, pour que les choses évoluent au mieux dans ma vie ? »

C'est ni plus ni moins à cette question que l'oracle vous propose de répondre, jour après jour. Ou semaine après semaine, selon vos goûts. Pour pratiquer, il vous suffira de détacher les vingt-quatre cartes offertes dans cet ouvrage et de faire connaissance avec votre oracle.

Concrètement, *L'Oracle de la Vierge* est divisé en trois parties.

Dans la **première partie**, vous découvrirez :

1. un tableau général de votre signe ;
2. ce qu'il faut entendre par « votre signe » ;
3. les croyances dont il est bon de se libérer à son sujet.

La **deuxième partie** vous présentera les bases de l'astrologie. Vous y découvrirez notamment les relations naturelles entre votre signe et les autres signes du Zodiaque, ainsi que des exercices, **systématiquement basés sur votre expérience personnelle**, qui vous aideront à appréhender de plus en plus finement l'astrologie.

Fort de ces connaissances, vous pousserez la porte de la **troisième partie,** celle de l'oracle du Zodiaque. Cet oracle a la particularité de vous proposer une stratégie d'attitude. Il s'agit en quelque sorte d'un oracle comportemental. Chaque jour ou chaque semaine, vous demanderez à l'Univers quel type d'énergie il est bon pour vous de développer, et précisément dans quel secteur de votre vie. Progressivement, vous découvrirez peut-être que les secteurs proposés tombent souvent juste, et qu'il s'y trouvait effectivement matière à œuvrer.

Si vous en faites bon usage, cet oracle deviendra un véritable guide, un allié du quotidien.

CONSEIL

Si vous désirez tirer toute la pertinence de cet ouvrage, il est préférable de ne pas sauter la première partie et de jouer le jeu des exercices, dans l'ordre où nous vous les proposons.

Quelques mots sur les auteurs

L'astrologie et les oracles sont le quotidien de vos deux serviteurs. Nous nous sommes formés, nous pratiquons depuis des années, et nous accompagnons de nombreuses personnes. Nous avons aussi écrit quelques ouvrages sur ce sujet et sur d'autres. Cela nous a apporté des expériences variées, qui ont donné naissance à certaines réflexions, parmi lesquelles, celle-ci : dans la littérature dite « d'épanouissement personnel », l'auteur n'est clairement pas le sujet. Ce livre n'est pas le nôtre, mais le **vôtre**... Et la technique que nous allons vous enseigner, bien qu'originale par certains côtés, appartient avant tout à l'humanité. Nous ne sommes qu'un maillon dans une chaîne de traditions, et nous aspirons avant tout à **transmettre**, c'est tout. Voilà pourquoi nous avons choisi d'écrire de façon anonyme. Par réelle conviction.

Si au fil de la pratique de cet humble manuel, vous êtes traversé par la pensée que l'astrologie est un art véritable, nous en serons très heureux. Bien sûr, ce n'est que le début du voyage. Pour ceux à qui les astres parlent intimement, pourvu qu'ils fassent provision de patience et de passion, deux ingrédients miraculeux... le Zodiaque se chargera de montrer le chemin !

Première partie

♍

Le portrait de la VIERGE

♍

Donc, vous êtes Vierge.

Quand certaines mauvaises langues affirment que votre activité favorite consiste à couper un cheveu en quatre[2], les bras vous en tombent. Mais comment peut-on dire de telles choses ? Certes, ce cheveu devra être coupé, mais :

- ✷ 1. uniquement après avoir été lavé ;
  - ✧ 0.1 avec un shampooing respectueux de l'environnement ;
  - ✧ 0.2 si possible fait maison ;

et

- ✷ 2. après s'être assuré du nombre de personnes entre lesquelles il devra être partagé ;
  - ✧ 2.1 dans un souci d'équité, les chauves auront droit à deux parts.

À partir de là, aussi sûr que deux et deux font quatre, quand vient l'heure de payer l'addition, personne n'ose se mettre entre vous et la calculette.

Vos tailleurs classiques impeccablement repassés, votre classe naturelle et discrète à la Bree Van de Kamp ne laissent planer aucun doute : vous êtes la comptable parfaite, la fée du logis devant laquelle tout mouton de poussière capitule. Dévouée aux tâches les plus rébarbatives effectuées dans l'ombre d'un morne quotidien, vous ne vous départez jamais de votre teint cireux d'apothicaire au rictus satisfait. (Et quelque peu inquiétant.)

---

2. « Couper un cheveu en quatre » est une expression qui signifie être pointilleux.

Voilà le tableau classique… caricatural.
Il ne vous fait pas plus honneur qu'à l'astrologie.

CHÈRE VIERGE,

dans cet ouvrage, vous êtes invitée à descendre à l'intérieur de vous-même, à toucher la quintessence de votre Soleil et à découvrir ce qu'il implique.

De là émergera cette certitude : non seulement, vous n'occupez pas uniquement le rayon « comptabilité et serpillières » dans le supermarché du Zodiaque, mais vous êtes infiniment plus riche et complexe que ces perles enfilées en un vilain collier.

Si vous le voulez bien, nous allons tout reprendre à zéro. Et **revenir aux fondamentaux**.

Le climat, la saison, et les variations de lumière sont les premières informations dans lesquelles nous pouvons puiser pour comprendre un signe.

Les anciens ont mis en relation ce qui se passait sur Terre, avec ce qu'ils observaient dans le ciel au même moment. Puis, au fil du temps, ils tirèrent des règles de la récurrence de ces phénomènes.

Quand vous dites « je suis Vierge », vous sous-entendez qu'au moment de votre naissance, entre le 23 août et le 22 septembre, le Soleil se trouvait positionné dans une région du ciel à laquelle les anciens attribuèrent des caractéristiques. Lesquelles ?

À l'approche de l'équinoxe d'automne, le soleil se lève à l'endroit où se trouve un amas d'étoiles qui semble dessiner une vierge. Sur Terre, la nature exsude ses offrandes : les sucs dégouttent des tiges et des arbres, les fruits sont gorgés de sucre, les lourds épis prêts à déverser leurs graines. Sous l'action du yang culminant de l'été, la croissance a atteint son apex pour décliner tout doucement.

Il est l'heure d'agir et de recueillir ces présents, c'est le temps de la cueillette et des moissons.

Comme l'ensemble des signes du Zodiaque, l'intériorité de la Vierge est teintée de composantes propres à sa saison. Une sorte de climat intérieur qui vient puiser dans le climat du dehors.

Portrait de la dominante Vierge

La Terre de labeur

À la fin de l'été, la Terre de la Vierge, assoiffée, est rendue aride par les vents de septembre. Toute son énergie est remontée du sol dans les cultures. Cette Terre appelle le labeur et la réussite de cette besogne garantira l'abondance ou tout au moins la survie pour le plus grand nombre. Votre signe solaire intervient symboliquement dans cette étape essentielle à la vie sédentaire (mode de vie qui s'est imposé sur le nomadisme depuis 10 000 ans). La Vierge, celle qui récolte, est représentée par Cérès, déesse romaine des cultures, sous la forme d'une jeune femme drapée à l'antique, portant en attributs la faucille et une gerbe de blé.

Mercure en action

La fée qui s'est penchée sur le berceau de votre Soleil est Mercure, le divin blagueur. N'est-ce pas étrange que le Dieu des voyageurs et des voleurs soit celui qui vous échoit, vous le fidèle serviteur du quotidien à la vertu irréprochable ? Pas tant que ça, car c'est grâce à lui que tout communique et se transforme. Sur un plan très pratique, Mercure participe à tout ce qui rime avec « échange ». Que ce soit votre bourse contre du vent, ou vos récoltes contre de l'argent - raison pour laquelle il est aussi le patron des commerçants - dès qu'il est question de tractations, Mercure est dans les parages. Sur un plan plus subtil, parce qu'il participe à la transmutation du plomb en or, il est aussi un symbole précieux pour les alchimistes. Et enfin, sur le plan corporel, appréciez que la Vierge soit en analogie avec l'ensemble du processus digestif qui a pour fonction de trier, transformer, intégrer.

Pour faire tout cela - aussi bien voler, vendre, trier, que transmuter - tout est question d'attention aux détails. Savoir évaluer, mesurer, trouver le prix attractif, le bon moment. En somme, être capable de déceler avant tout le monde les signaux avant-coureurs d'une opportunité.

Vous l'aurez compris, cette intelligence rationnelle propre à traiter toutes sortes d'informations et cette attention aux détails qui vous caractérise, c'est à l'influence de

Mercure que vous les devez (Bon OK, peut-être aussi un peu à vos gènes).

J'analyse et détecte

Comme nous venons de le voir, la Vierge est dotée d'un esprit analytique et d'une rare clarté de discernement. Sans le savoir, toutes les personnes qui vous entourent passent sous votre crible de génie. Rien ne vous échappe... Alors que toute la famille joue et caresse le chien, quand vient votre tour de cajoler ce nounours, vous détectez très rapidement qu'il a une petite boule étrange sous son pelage. Alors parfois, on peut vous trouver quelque peu rabat-joie, sauf qu'il faut bien reconnaître que vous ne cherchez pas la petite bête, sans rien faire, vous la trouvez ! Et cette capacité, toujours en toile de fond, rend bien des services.

Je sers

Si la vocation de service colle à la peau de la Vierge, c'est bien malgré elle, et cela découle de sa sensibilité naturelle aux besoins de son entourage. Paradoxalement, elle ne se définit pas comme une humaniste. Son but n'est pas tant de sauver le monde que de faire ce qu'il y a à faire, là où elle se trouve, et sans discontinuer. Globalement, les grandes théories l'ennuient, à moins qu'elles lui donnent du grain à moudre pour faire avancer les sujets qui la préoccupent...

Dévouée et modeste, elle l'est par nature, car elle ne considère jamais son travail comme achevé, et donc quoi qu'il arrive, il n'y a pas à s'en vanter. De là à dire qu'elle a du mal à se réjouir et se féliciter, il n'y a qu'un pas... Retenons qu'elle sera la conseillère discrète, le comptable appliqué, celle qui répare, recoud, et en vertu de sa capacité de diagnostic, nous la retrouverons régulièrement dans les pratiques de soins.

La passion

Elle est parfois décrite comme une disciple de la frugalité, à la froideur qu'une porte de prison n'a rien à lui envier. C'est mal la connaître. Il suffit de lui présenter un casse-tête, prétendument insoluble, et de lui demander si par hasard elle n'envisagerait pas une solution. Instantanément, vous verrez son visage s'illuminer... À ce moment-là, c'est l'esprit mercurien, qui se réjouit d'avoir trouvé un nouveau défi. Par ailleurs, empreinte d'un charme subtil, elle sait mettre sa perspicacité au service du relationnel. Pleine d'esprit, elle colore les jours de ses tenues impeccables et d'un humour délicat.

La méthode

Nous l'avons vu, son talent premier réside dans sa sélection pertinente des informations.

Si elle arrive à optimiser ce qui lui est confié, c'est avant tout grâce à sa technique de hiérarchisation des données. Ce travail préliminaire, qui dans un premier temps peut donner la sensation d'une certaine lenteur à son entourage, est en fait un processus d'intégration pendant lequel elle fait sienne la problématique, de A à Z. À partir de cette large vue, elle peut ensuite détecter avec efficacité les lignes de forces, les points faibles, et rééquilibrer le tout. Mais votre habileté ne s'arrête pas là, chère Vierge. Forte de cette compréhension globale des systèmes, vous avez le réflexe d'adapter les principes acquis dans un secteur, à des domaines qui, au premier abord, n'ont rien à voir. Et ça marche ! Vous ne vous en rendez peut-être pas compte, car c'est naturel pour vous, mais tout le monde ne sait pas faire cela. C'est ce qu'on appelle parfois **la transversalité**, et c'est très précieux.

Vos prouesses ne sont pas uniquement intellectuelles, comme par magie, tout ce qui passe entre vos mains devient de la dentelle. Votre dextérité est dopée par votre prise à la Terre et le goût pour les travaux méticuleux. C'est vous la prodigieuse « petite main », discrète et efficace, ou bien le régisseur parfait qui anticipe les besoins quand tout le monde est au feu.

Côté épargne, on retrouve cette même gestion prudente. La Vierge gardera toujours une poire pour la soif.

Le défaut de sa qualité

La méticulosité vous rend parfois critique, voire pointilleux, et le perfectionnisme est votre ennemi le plus sûr. Quand vous êtes désœuvrée, il vous arrive de retourner vos capacités contre vous-même, et dans ces cas-là, l'examen de conscience peut vite tourner à la descente en flamme. À ce moment-là, rappelez-vous que *chacun fait ce qu'il peut*, même vous, et qu'il ne serait pas humain d'être continuellement dans le sans-faute. **Amie Vierge, vous qui êtes pourvue d'une grande délicatesse, n'oubliez pas de vous l'appliquer.**

Une Terre ouverte à tous les possibles

La Vierge est le fruit de la combinaison unique de la Terre et du mode mutable[3].

Ainsi, vous êtes dotée des qualités de la Terre ; vous disposez de son ancrage, de son aptitude à la construction, mais vous ne vous figez pas pour autant sur vos biens. Et surtout, vous cherchez à les faire fructifier, ou plus exactement, à les magnifier. Ainsi, du blé vous ferez du pain, et du raisin vous extrairez une divine liqueur : le vin.

Quant à la nature mutable du signe, il nous faut revenir quelque peu en arrière pour mieux l'appréhender. Du Bélier

3. Nous verrons plus en détail cette notion page 60.

(premier signe) à la Vierge (sixième signe)[4], le moi se façonne. À partir de la Balance, septième signe, on ne dit plus « je » mais « nous ». Ainsi, située entre le Lion et la Balance, la Vierge dépasse les valeurs individualistes léonines et prépare l'arrivée de la Balance.

Dans le sixième signe, la Vierge donc, la personnalité a mûri, et cherche à se dépasser dans le service pour quelque chose de plus grand qu'elle-même.

Elle est à la charnière entre la conscience de Soi et la conscience de l'Autre.

Vierge sage ou Vierge folle ?

L'intégration des valeurs de la Vierge n'est pas toujours facile après la démesure du Lion. Ainsi, certaines Vierges conserveront des élans léonins mal compris (orgueil, turbulences du cœur, intolérance), autant d'attitudes inadaptées pour elles. On parle alors de Vierges folles. L'humilité est une des leçons que les Vierges sont amenées à assimiler au cours de leur vie : « *Servir, et non se servir.* »

Quant aux Vierges sages, elles devront apprendre à dépasser leur rationalité et leur tendance à l'exiguïté pour mieux préparer la souplesse de la Balance.

4. **Nous vous conseillons, pour bien visualiser le propos, de vous référer à la roue zodiacale présente en couverture.**

Je maîtrise

Votre nature, très mentale, vous pousse à exercer votre sagacité, ce qui incite à la maîtrise... donc au contrôle. Aussi, en toute cohérence, la Vierge, guidée par sa seule logique, se veut l'inverse de l'instinct et de la pulsion. Tout ceci peut trouver ses limites quand on aborde l'intangible. Qu'il soit question de spiritualité, ou d'affectif, la Vierge doit accepter que, dans certains domaines, la mesure soit inopérante. Pour le bien de ses histoires de cœur, le proverbe « *quand on aime, on ne compte pas* » pourrait être avantageusement collé sur la porte du frigo.

Si la Vierge était un pouvoir, quel serait-il ?

Armand Jean du Plessis naît le 9 septembre 1585, au sein de la petite noblesse du Poitou. D'abord destiné à une carrière militaire, le destin pointe le bout de son nez et lui fait endosser avec brio la mitre d'évêque à tout juste vingt-deux ans, sur dérogation spéciale du pape. Remarqué pour son éloquence durant les états généraux par Marie de Médicis, il est nommé grand aumônier, fonction qui le propulse bientôt au conseil du Roi. De là, il gagne peu à peu la confiance du jeune Louis XIII, devient ministre et déploie une politique axée sur un État fort, étranglant peu à peu les velléités huguenotes et les prétentions des Grands du Royaume. Grand administrateur, il rétablit les finances du pays, réforme l'État, crée nombre d'institutions toujours incontournables bientôt quatre cents ans plus tard. Son héritage fait date dans l'exercice du pouvoir, doté d'une vision d'un État organisé, soutien d'un principe monarchique fort, diplomate parfois qualifié de retors, doué en tout cas d'une **intelligence analytique aiguë**. Telle est la vie du cardinal de Richelieu, une vie au service de l'État, typiquement Vierge. Sa maxime ? « *Il faut écouter beaucoup et parler peu pour bien agir au gouvernement d'un État*[5]. »

Agatha naît le 15 septembre 1890 dans le Devon, en Angleterre. Elle mène une carrière exceptionnelle d'écrivaine, faisant d'elle, aujourd'hui encore, une des auteurs de fiction les plus lus dans le monde. Elle est la maîtresse des drames de salon, où les assassins versent subrepticement du poison dans le thé de leurs invités. Cette conteuse hors pair évoque des environnements feutrés, parcourus par des personnages de la bonne société, parfaitement repassés, un soupçon guindés. Hercule Poirot, son héros favori, est connu pour son **goût immodéré de l'ordre**, son **perfectionnisme abouti**, et sa **fine connaissance de l'âme humaine**. Cet obsessionnel a pour manie de traquer les détails révélateurs de tous les sombres secrets qu'on cherche à lui cacher. Un personnage sorti tout droit de l'esprit Vierge d'Agatha Christie.

---

5. *Maximes d'État* **considérées comme le testament politique du cardinal de Richelieu, publiées pour la première fois en 1880.**

Enfin, dernier exemple : d'après l'extrait suivant, de l'émission *Boomerang* du 2 décembre 2020 sur France Inter, il nous semble évident que la personne interviewée est marquée de façon significative par la Vierge.

*« J'aime l'art, la peinture, la musique, évidemment, mais rien ne m'enthousiasme autant que de voir où la caméra est placée dans un film, avec quelle **précision**, et comment un réalisateur a réussi à captiver 700 personnes dans la salle (...) Je crois qu'il faut essayer d'**utiliser chaque seconde possible**, chaque occasion de la journée, pour **améliorer le travail**. Et se poser la question : est-ce que nous racontons cette histoire de la meilleure façon possible, la plus sincère et la plus essentielle ? »*

Après vérification, en effet, David Fincher est né le 28 août 1962.

Si la Vierge était un pouvoir : **perfectionner l'existant, améliorer des processus, se mettre au service d'une structure ou d'une cause, analyser les détails.**

Même si vous vous reconnaissez dans ce portrait de la Vierge, ne cherchez pas à vous y identifier outre mesure, car comme nous allons le voir, le Soleil n'est qu'une des composantes de votre personnalité. Il ne peut en aucun cas vous résumer.

Après ce bref portrait de la Vierge, *quid* du reste ?

Donc, au moment de votre naissance, votre Soleil est dans la partie du ciel associée à la Vierge. Sauf que, au même moment, d'autres planètes circulent sous la voûte céleste, accompagnées d'autres symboles. Et sans vouloir dénigrer votre Soleil (il est à votre vie ce que le moteur est à votre voiture), **ces autres éléments sont tout aussi importants**.

La représentation de l'endroit où ces planètes se trouvent au moment de votre naissance est ce qu'on appelle **le thème astral.** C'est tout bonnement **une carte d'identité céleste**, composée d'un cercle de 360°, lui-même divisé en douze secteurs de 30°.

Ces secteurs sont les signes astrologiques, et en fonction des planètes qui les traversent, cela teinte particulièrement votre personnalité.

Un thème astral est un cercle divisé en douze signes astrologiques. Ces signes voient une dizaine de planètes les traverser. Lorsque vous naissez, ces planètes se trouvent à un endroit précis du cercle. Et c'est cela qui vous confère, selon l'astrologie, **un caractère unique**.

Concrètement, alors que votre Soleil est dans le signe de la Vierge, il est possible qu'au même moment, les autres planètes se soient donné rendez-vous en Lion.

Profitons-en pour vous les présenter succinctement :

- ☿ **Mercure** l'espiègle, votre façon de faire des liens, de penser ;
- ♀ **Vénus** la séduisante, celle qui cherche à maintenir les liens, à unir ;
- ♂ **Mars** le guerrier, celui qui ne vibre que par l'action ;
- ♃ **Jupiter**, l'instructeur bon vivant, celui qui fait croître tout processus, qui préside à vos avancées et vous aide à voir le bon côté des choses ;
- ♄ **Saturne**, l'exigeant maître des frontières, des limites et du temps ;
- ☽ **la Lune**, maîtresse de vos besoins et de vos peurs ;
- ♆ **Neptune**, l'idéaliste, épris d'absolu ;
- ♅ **Uranus**, l'explosif éveilleur des consciences ;
- ♇ **Pluton**, le maître des enfers (pas de panique, les enfers sont riches)...
- ☉ quant au **Soleil**, dont nous parlons abondamment depuis le début, il est le chef d'orchestre, la source de chaleur et de lumière à l'origine de tout le reste.

Évidemment, l'astrologie étant l'interprétation des signes célestes vus depuis la Terre, celle-ci n'est pas invitée au banquet olympien.

Alors, certes, votre Soleil est en Vierge, mais si vos autres planètes ainsi que les caractéristiques psychiques qu'elles incarnent se trouvent en Lion, pensez-vous vraiment que vous serez tant que cela Vierge ? Rien n'est moins certain.

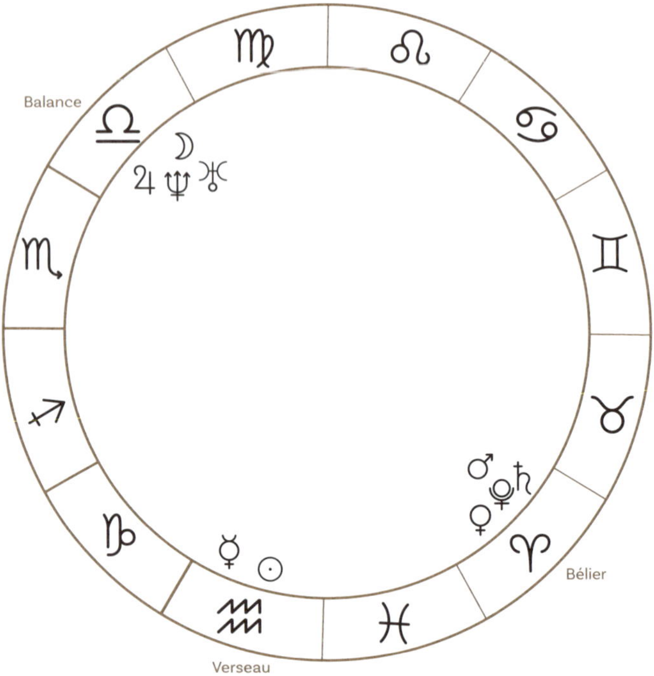

L'exemple ci-dessus vous présente une roue zodiacale. Nous pouvons nettement y observer que le Soleil en Verseau est isolé (il s'agit du petit cercle avec un point central) en compagnie de Mercure. Par ailleurs, les autres planètes du thème se trouvent amassées dans le Bélier et la Balance. Pas besoin d'être devin pour imaginer que ces rassemblements planétaires vont peser dans la balance psychique de cet individu. Alors oui, il est Verseau... Mais uniquement par son Soleil (et Mercure).

Puisque vous découvrez être davantage que votre Soleil, voici un test dont les questions vont vous permettre d'évaluer à quel point les autres signes vous influencent. Sélectionnez en toute sincérité les qualités, adjectifs ou comportements qui vous correspondent le mieux.

Avertissement : les réponses à ce test se trouvent après la question D. S'il vous plaît, n'allez les consulter qu'une fois vos choix effectués. Le but de ce jeu n'est pas de faire un diagnostic détaillé de votre profil astrologique, mais de vous aider à intégrer les notions du chapitre en cours.

✧ QUESTION A • Au quotidien, si vous deviez vous résumer à un personnage, ce serait plutôt...

1. Un révolutionnaire
2. Un soignant
3. Un soldat
4. Un mystique
5. Un sorcier
6. Un paysan
7. Un chevalier
8. Un adolescent
9. Un père ou une mère
10. Un patron
11. Un diplomate
12. Un roi

✧ QUESTION B • Ce que vous aimez faire avant tout :

1. Réaliser
2. Harmoniser
3. Comprendre
4. Innover
5. Construire
6. Diriger
7. Guider
8. Aimer
9. Ressentir
10. Entreprendre
11. Aider
12. Enquêter

✧ QUESTION C • Si vous aviez un petit défaut (allez-y, on est entre nous !) vous vous définiriez plutôt comme :

1. Obsessionnel
2. Susceptible
3. Brutal
4. Rigide
5. Lent
6. Dispersé
7. Maniaque
8. Confus
9. Superficiel
10. Moraliste
11. Fainéant
12. Puéril

✧ QUESTION D • Votre chaton Gaspard a disparu ! Comment réagissez-vous ?

① Vous vous mettez en empathie. Si vous étiez Gaspard, où iriez-vous ? Mais au fond, si vous ne le retrouvez pas, il illuminera certainement la vie de quelqu'un d'autre.

② Vous interrogez tous les voisins de votre immeuble, quelqu'un a certainement vu Gaspard.

③ L'angoisse vous amène à imaginer les pires scénarios : en premier lieu, vous regardez dans le four et la machine à laver.

④ Pas de problème, vu la qualité de votre habitation et de sa pâtée, vous êtes persuadé que Gaspard reviendra de lui-même.

⑤ Vous ne paniquez pas et, pragmatique, vous attendez le silence de la nuit pour l'appeler.

⑥ Vous suivez étape par étape la méthode conseillée : appeler les lieux de refuge pour animaux et signaler sa disparition au cabinet de vétérinaire de votre secteur.

⑦ Vous ne pouvez pas le perdre, vous lui avez implanté une puce RFID connectée au satellite de la SPA.

⑧ Vous fondez en larmes, envahi par l'émotion. Vous percevez ce petit chat comme votre enfant, et vous tel un parent indigne.

⑨ Vous n'avez pas de chat. Vous avez un chien.

⑩ Après avoir fait une prière, vous sortez votre pendule et une carte de la zone.

⑪ Vous appelez un ami pour passer au peigne fin tout le quartier. L'union fait la force.

...

⑫ Sous le coup du stress, vous vous ruez dans la rue en beuglant son nom et en faisant tinter son bol de croquettes… quitte à l'effrayer malgré vous.

RÉSULTATS DU TEST

En fonction de vos résultats, vous pourrez mesurer dans quelle mesure vos traits de caractère sont reliés aux différents signes.

QUESTION A

① Verseau
② Vierge
③ Bélier
④ Poissons
⑤ Scorpion
⑥ Taureau
⑦ Sagittaire
⑧ Gémeaux
⑨ Cancer
⑩ Capricorne
⑪ Balance
⑫ Lion

QUESTION B

① Capricorne
② Balance
③ Gémeaux
④ Verseau
⑤ Taureau
⑥ Lion
⑦ Sagittaire
⑧ Poissons
⑨ Cancer
⑩ Bélier
⑪ Vierge
⑫ Scorpion

QUESTION C

① Scorpion
② Cancer
③ Bélier
④ Capricorne
⑤ Taureau
⑥ Gémeaux
⑦ Vierge
⑧ Poissons
⑨ Balance
⑩ Sagittaire
⑪ Lion
⑫ Verseau

QUESTION D

① Poissons	⑤ Taureau	⑨ Capricorne
② Gémeaux	⑥ Vierge	⑩ Sagittaire
③ Scorpion	⑦ Verseau	⑪ Balance
④ Lion	⑧ Cancer	⑫ Bélier

À l'issue de ce test, il est possible que vous ayez uniquement sélectionné des caractéristiques de type Vierge. Cela signifie que vous avez sans doute un grand rassemblement de planètes en Vierge. Mais **il est fort probable que vos réponses renvoient à un panel de signes plus large. Et c'est bien normal, le Soleil n'est qu'un des éléments fondamentaux qui constituent un thème astrologique... Donc, aussi important qu'il soit, il ne peut vous résumer.**

En général, les différentes planètes de notre thème sont réparties en de nombreux secteurs du Zodiaque. Ceci nous amène à la conclusion suivante :

Nous ne sommes pas un signe, ni même une planète, **mais le Zodiaque dans son entier**. Et chacune de ces planètes, chacun de ces signes, a des vertus à nous offrir à partir du moment où nous lui prêtons attention.

Deuxième partie

Les bases de L'ASTROLOGIE

Vous voici familiarisé avec votre signe solaire. Notez qu'à chaque fois que nous évoquerons la Vierge, il sera sous-entendu : **votre Soleil en Vierge**. Partons maintenant à la découverte des autres signes, qui sont peut-être tout aussi importants pour vous. Pour ce faire, convoquons votre expérience plutôt qu'une froide théorie.

Commençons par le commencement. La roue zodiacale est un cercle où, selon un rythme invariable, se trouvent disposés les douze signes du Zodiaque. Cette division remonte à Ptolémée, qui vécut au IIe siècle après J.-C.

Elle est accompagnée **d'un tableau que vous connaissez sans doute** : on le retrouve associé à chaque horoscope dans les magazines. Il répertorie les dates correspondantes aux douze signes du Zodiaque. Par là, il faut comprendre que ces dates indiquent la période pendant laquelle le Soleil traverse un signe. Et si ce tableau commence le 20 mars, avec le Bélier, c'est tout simplement parce que, dans l'Antiquité, la nouvelle année débutait au moment de l'équinoxe de printemps, donc quand tout bourgeonnait sur Terre, tandis que le Soleil était dans le quartier du ciel, attribué au Bélier.

Signe	Période où le Soleil demeure dans le signe
♈ **Bélier**	20 mars - 20 avril
♉ **Taureau**	21 avril - 21 mai
♊ **Gémeaux**	22 mai - 22 juin
♋ **Cancer**	23 juin - 22 juillet
♌ **Lion**	23 juillet - 22 août
♍ **Vierge**	23 août - 22 septembre
♎ **Balance**	23 septembre - 22 octobre
♏ **Scorpion**	23 octobre - 22 novembre
♐ **Sagittaire**	23 novembre - 22 décembre
♑ **Capricorne**	23 décembre - 21 janvier
♒ **Verseau**	22 janvier - 20 février
♓ **Poissons**	21 février - 19 mars

Pour les personnes nées un jour de jonction entre un signe et le suivant, il est nécessaire de connaître l'heure et l'année de naissance, afin de déterminer avec certitude dans quel signe astrologique se trouve le Soleil.

Exercice 1 : photo de famille

Passons à la pratique. Il est temps de solliciter votre mémoire, et de **placer dans votre roue zodiacale le Soleil des personnes qui ont compté pour vous.** Mère, père, frères et sœurs, amis, professeurs, amants, adversaires, etc.

Par exemple :

Si Papa est né le 16 décembre, vous regardez dans le tableau, et voyez que son Soleil est en Sagittaire : vous irez donc mettre un P (ou autre, selon ce qui vous convient) à côté du signe du Sagittaire. Idem pour Maman qui a son Soleil en Scorpion, car elle est née le 23 octobre, etc.

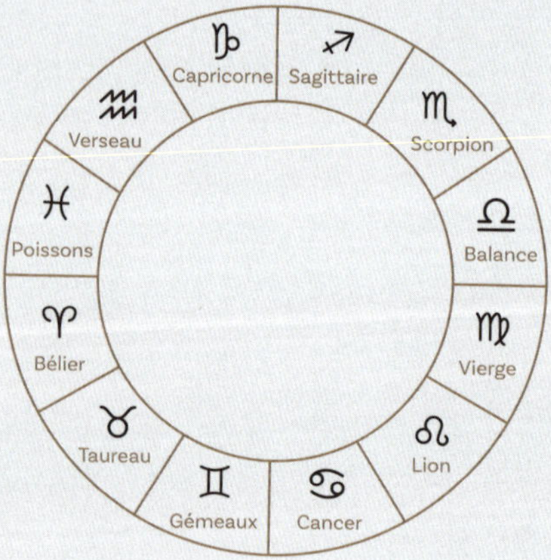

Pour plus de confort, la roue est téléchargeable en grand format ici : https://editions-jouvence.com/roue-zodiacale

Le premier intérêt de cet exercice est d'avoir spontanément sous les yeux la somme des personnes qui ont participé à vous façonner tel que vous êtes actuellement. Si d'aventure s'élève un sentiment de gratitude, il n'y a aucune raison de le réprimer. Au contraire, il est bon de l'accueillir et de se recueillir en son sein. Il est un excellent antidote au sentiment de solitude, ou d'abandon, qui peut parfois nous saisir.

Exercice 2 : dénominateurs communs

Une fois cela fait, essayez de réfléchir aux points communs entre les personnes qui se trouvent dans le même signe. Prenez votre temps... peu importe si ce n'est pas tout à fait objectif, **ce qui compte, c'est votre perception.**

Réfléchissez à ce que toutes ces personnes de même signe solaire vous ont apporté.

Par exemple :

Peut-être que votre père, votre frère et votre premier amour ont tous trois le Soleil en Gémeaux. Inutile de partir dans des analyses stériles de type : « Oh mon Dieu, je cherche à retrouver mon père à travers mes amours, tout cela est incestueux, vite, mon psy »... Surtout pas !

•••

...

Nous vous invitons seulement à identifier le dénominateur commun entre ces trois personnes. Par exemple, la jovialité, ou la curiosité, etc.

Ne négligez pas ce travail, il est très important pour comprendre comment s'est tissé votre rapport au monde et à vous-même. C'est un outil passionnant pour prendre conscience de la qualité de nos liens.

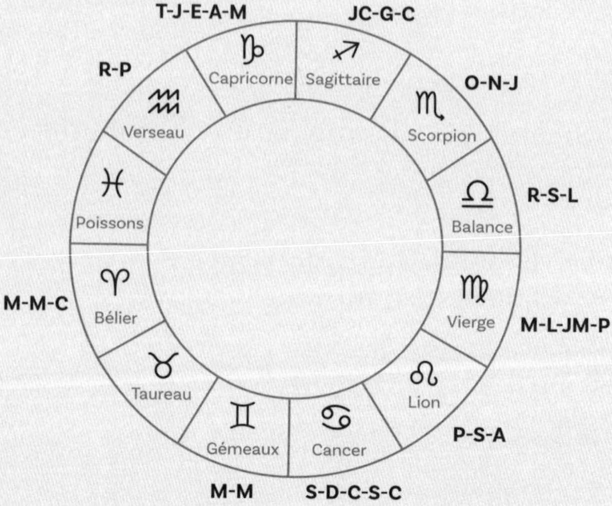

Dans ce thème d'exemple, (celui d'un des deux auteurs de ce livre), nous constatons de nombreuses présences en Cancer et Capricorne. Arrêtons-nous d'abord sur les points du Capricorne. Bien que ces personnes aient eu des rôles aussi contrastés qu'oncle radin, ami colérique, premier amour, collègue informaticien, etc., en y réfléchissant bien, ces individus lui ont tous fait découvrir quelque chose de très concret, par la pratique et parfois de façon aride. S'il devait en retirer une maxime, ce serait sans doute : « C'est en forgeant qu'on devient forgeron. »

Exercice 3 : un regard neuf sur vos relations

Identifiez maintenant les traits de caractère que vous activez en présence des personnes de votre entourage zodiacal. Essayez de visualiser la facette de votre personnalité qui se manifeste à leur contact et notez-la. **Vous pourrez ensuite synthétiser ce qui définit votre relation à l'aide de mots-clés (entraide, confort, tensions, etc.).** Nous vous laissons un peu d'espace pour cela ci-dessous.

....

....

....

....

Retournons au thème de l'auteur. S'il prend le secteur du Cancer, après réflexion sur son expérience, il en retirera deux mots : **colère** et **créativité**. Et si nous l'interrogeons ...

...

sur les Gémeaux, à l'opposé de son signe, les mots qui lui viendront seront : **tendresse** et **étonnement**. Étonnement, car il reste souvent ébahi devant la façon de penser de ces êtres. Certaines de ces relations seront peut-être **tendues**, ce qui n'est pas forcément négatif. Car **souvent, la tension se révèle dynamique, source d'avancée.** D'autres seront plutôt **aidantes, comme une alliance, un soutien.**

Nous ne pouvons que vous conseiller de porter votre attention sur votre roue afin de regarder différemment vos relations.

Vient alors le moment de découvrir une nouvelle notion : **les aspects.** Derrière ce terme se cache quelque chose de très pragmatique.

Les aspects

Ce sont les **angles produits par la disposition des signes et des planètes sur le cercle zodiacal.** Dans cet ouvrage, la logique des aspects s'appliquera uniquement aux Soleils en signes. Pour les astrologues qui nous liraient, pour chaque signe, nous utilisons en repère le point médian de chaque signe, soit le 15e degré. Ainsi, de la Vierge à la Balance, nous trouvons 30°, de la Vierge au Scorpion, 60°, etc.

Les aspects se résument en six principaux.

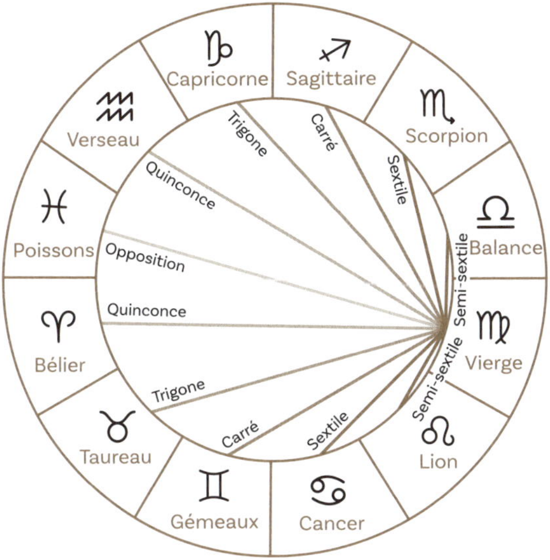

Il y a d'abord les aspects d'aide, dits **harmoniques**.

Trigone

Cet aspect présente un angle de 120°. Il est particulièrement intéressant car il relie les signes de même élément. Ainsi, si on part de la Vierge, signe de Terre, et que l'on cherche les deux trigones que l'on peut lui associer, nous aboutissons au Capricorne et au Taureau, les deux autres signes de Terre du Zodiaque. Les Terres se renforcent, elles se nourrissent et s'enrichissent. Ainsi, **le trigone crée une entente propre à l'intimité bienveillante, c'est un aspect de détente.**

Sextile

Dans cette configuration, les signes font un angle de 60°. Ils sont **facilitateurs l'un pour l'autre**. Cet aspect est enclin à la **coopération** et au **confort**, davantage qu'au changement et à la progression.

Semi-sextile

Ce sont vos voisins directs, ils se situent à 30° de votre signe solaire. Ils **entourent le signe où se trouve votre Soleil** tels des amis qui marchent à vos côtés. Vous ne pourrez pas forcément leur demander de l'objectivité, vu qu'ils regardent, à peu de chose près, dans la même direction que vous, mais il y a une précieuse affinité entre vous. Soit ils pondèrent votre énergie solaire, soit ils poussent celle-ci à approfondir son expression. Vous découvrirez tout cela dans le détail au fil des propositions de l'oracle.

Viennent ensuite les **aspects plus tendus, dits « dissonants »**. Ne prenez pas trop ce qualificatif à la lettre, car ils sont souvent **les principaux moteurs du changement**.

Carré

Entre la Vierge et le Sagittaire, et la Vierge et les Gémeaux, il y a **90°, soit un angle droit**. C'est **carré**, dynamique, potentiellement source de tensions. Mais la tension est ce que l'on en fait. Sans tension, la flèche ne sera pas décochée. **Sans émulation, les points de vue stagneront.** Cherchez un peu, nous sommes certains que vous **trouverez des configurations** dans la vie où la tension est aussi productive que nécessaire...

Opposition : l'axe Vierge-Poissons

Face à la Vierge, se trouvent les Poissons. Il s'agit d'un angle à 180°. C'est une droite, donc une **dynamique frontale à l'image de deux personnes face à face, chacune à un bout de la table.** Des adversaires adopteraient cette configuration pour entamer la discussion. Cependant, elle peut prendre d'autres formes : **l'opposition est parfois si grande, que l'on s'ignore, ou que la rencontre ne se fait pas, tout simplement.** Ce dernier point vaut bien une explication.

Cet aspect est majeur dans la constitution de votre personnalité. En effet, **les éléments du thème se construisent *via* l'opposition.** De même que l'enfant passe par la phase du « non », pour se définir, **nos Soleils œuvrent de la même façon**. Dans un premier temps, un individu avec un Soleil en Vierge ressentira le besoin de rejeter les valeurs Poissons pour asseoir sa nature. Tout ce qui sera de l'ordre de l'intangible, de l'absence de limites, sera perçu comme ennemi de la mesure et de la raison. Et c'est normal... Sauf qu'une fois assimilée sa partie Vierge, le natif devra **s'ouvrir à l'opposition afin de l'intégrer**. Même né Vierge, on ne peut uniquement se nourrir des fruits de la Terre, et on finira par comprendre que l'Amour, non mesurable, incommensurable et omniprésent, irrigue les champs du Vivant dont nous sommes partie intégrante. Ainsi, il n'est pas rare que l'archiviste pointilleux se transforme en mécène, ou poète... Ce n'est pas une trahison vis-à-vis de soi-même, mais la marque que l'être avance et mature pleinement.

Peut-être avez-vous identifié une opposition dans votre roue zodiacale complétée des Soleils de votre entourage. Possiblement, cela correspond à une relation qui s'est d'abord avérée conflictuelle, et qui, avec le temps, s'est positivement affinée. Ces gens perçus comme rigides sont maintenant de solides partenaires.

Quinconce

Les signes se trouvent à 150° l'un de l'autre. Cet aspect est empreint d'une certaine tension. Néanmoins, les signes peuvent se rendre service, être moteurs pour « corriger » l'autre, au sens propre comme figuré. Ce n'est pas confortable, mais cela peut être fort utile, voire très enrichissant. Le type de relation qui vous fatigue mais à laquelle vous ne renonceriez pas si vous en aviez la possibilité.

Puis, hors catégorie, et non spécifiée sur le schéma, il y a la :

Conjonction

Dans ce cas, les Soleils sont dans le même signe (donc ici, vous vous trouvez en présence d'une personne de signe Vierge), tout près l'un de l'autre[6]. Pour faire simple, nous dirons qu'ils sont **en fusion**. Retenez que les signes et/ou planètes en conjonction travaillent de concert, c'est une sorte d'**alchimie énergétique**. Une précision tout de même : parfois, cette configuration peut très mal évoluer. En effet, au début, ce sont les ressemblances qui nous attirent (*Oh, toi aussi tu aimes manger des pizzas à l'ananas…*) et avec la conjonction, les points communs ne manqueront pas.

6. La conjonction est cependant avant tout un aspect entre planètes de 10° d'écart au maximum. Ce n'est pas le propos de notre ouvrage, nous ne nous étendrons donc pas davantage sur ce sujet.

Mais sur le long terme, ce qui nous rapprochait, *via* un effet miroir, pourra nous irriter au point de nous éloigner.

Nous avons fait le tour des principaux aspects. Encore une fois, il peut être intéressant de replonger dans votre roue astrologique, et d'observer les différents aspects créés entre votre Soleil et celui de vos proches. Mais prenez aussi quelques instants pour regarder les relations entre les personnes de votre entourage qui se connaissent… Certaines attitudes peuvent devenir très parlantes. Parfois, on pense qu'il y a un gros problème, alors qu'il fallait juste éviter de mettre le chien avec le chat.

Mais les angles ne sont pas l'unique critère pour qualifier une relation entre votre signe et les autres.

Avant de nous lancer dans la pratique de l'oracle, il reste quelques points d'importance à découvrir.

Les éléments

Ils sont au nombre de quatre, et ont chacun trois signes sous leur responsabilité.

C'est une porte d'entrée souvent négligée, ou tout du moins, survolée. Pourtant, elle est facile d'accès et permet d'appréhender les choses à partir du ressenti.

Dans un premier temps, si vous vous sentez noyé dans la masse d'informations relative aux douze signes, n'hésitez pas à vous cantonner aux éléments, ils ne vous décevront pas.

Réfléchissons quelques instants à ce que nous apporte chacun d'eux.

La Terre

Commençons par la Terre. Car c'est elle qui nous supporte. On lui attribue le froid et le sec. Nous en déduirons de la solidité, de l'endurance, une vision du temps à très long terme et un pragmatisme misant sur le concret, le tangible, la pierre. La Terre est patiente, sait encaisser les coups, et renouvelle continuellement le monde. Le **Taureau**, la **Vierge** et le **Capricorne** appartiennent à la **Terre**... Des signes tournés vers les réalisations concrètes. Le défi de ces signes est de se hisser au-delà de leurs préoccupations matérielles et immédiates. L'emprise du désir de conservation peut leur jouer de vilains tours, les amenant à des postures quelque peu sèches et à un repli amer. Qu'ils misent sur la générosité inhérente à leur nature ! La Terre n'est pas avare, car son talent premier est d'**engendrer sans fin**.

Mots-clés : matérialisation ◊ patience ◊ générosité

L'Eau

Vient ensuite l'Eau. Fluide, multiforme, épousant avec aisance la forme des objets qui la contiennent, elle peut représenter une **forte capacité empathique**. Recherchant humblement et systématiquement le point le plus bas, elle va puiser les informations dans les profondeurs, ce qui peut engendrer parfois une tendance à la mélancolie. L'Eau, en plus d'être indestructible, alimente le vivant. Le **Cancer**, le **Scorpion** et les **Poissons** appartiennent à l'**Eau**.

Les anciens lui attribuent l'humide et le froid. Globalement, nous sommes ici dans le règne de l'émotion, de l'onirisme et la subjectivité. La fibre artistique est évidemment présente. Encore quelques détails la concernant : à l'état calme, l'Eau permet à toutes choses de s'y refléter. C'est pourquoi les Tibétains l'associent à la sagesse dite « semblable au miroir ». Mais quand elle est agitée, elle devient raz-de-marée, tsunami… Et c'est alors l'émotion de la colère qui prédomine.

Mots-clés : adaptation ◊ empathie ◊ imagination

Le Feu

La sagesse bouddhiste attribue au Feu **l'énergie du désir**. Il chauffe, il réchauffe. Par sa lumière, il attire, jusqu'au moment où il embrasse et embrase. À son paroxysme, le désir devient intuition… Mais rares sont ceux qui savent canaliser cette vive énergie au point de l'amener jusqu'à ce niveau. Le Feu est chaud et sec. Par son action, tout se transforme. Le métal fond, le bois se consume, et l'eau bout. Il est un agent actif de transformation et la dynamique de ses flammes indique la direction : vers le haut. Maîtrisé, il est la bougie qui éclaire la nuit, le phare qui guide les voyageurs... Débridé, il est la passion dévorante, calcinant tout sur son passage. Suivre son désir coûte que coûte est aussi une excellente façon d'arriver à s'épanouir... Saint Augustin ne disait-il pas : « La débauche est le plus court chemin jusqu'à la sainteté ? »

Le **Bélier**, le **Lion** et le **Sagittaire** appartiennent au **Feu**.

Mots-clés : passion ◊ action ◊ transformation

L'Air

Invisible, intangible et pourtant omniprésent, l'Air incarne la capacité à **relier toutes choses entre elles, avec légèreté**, sans contrainte ni engagement. Dans la société humaine, il prend la forme de la communication. À l'inverse de l'Eau, l'Air ne recherche pas la profondeur, mais la hauteur. En ressort un détachement naturel ainsi qu'une vision large des situations. Les détails et les affects ne sont pas son problème. La question principale de cet élément est surtout la mise en relation, la découverte, et la réflexion... au risque que les idées en restent indéfiniment à l'état de projet. Car l'Air se matérialise aussi à travers le mental, une puissante source de créativité qui peut tourner à la réflexion stérile quand il n'est pas canalisé. Les **Gémeaux**, la **Balance** et le **Verseau** appartiennent à l'**Air**.

Mots-clés : communication ◊ hauteur ◊ détachement

Exercice 4 : quels éléments vous environnent ?

Votre Soleil, en signe de Terre, est-il entouré majoritairement de Feu, d'Eau, de Terre ou d'Air ?

Toujours selon le même procédé, en retournant étudier votre roue zodiacale p.42, vous pourrez observer dans quelle mesure ces qualités sont présentes parmi les Soleils de vos proches.

Après avoir fait la somme de chacun des éléments de votre roue…

Terre	
Air	
Eau	
Feu	

… prenez le temps de vous imprégner de cette découverte, notez vos ressentis vis-à-vis de ces résultats, puis tirez les conclusions de cette expérience.

Dans le cas où il y aurait prédominance du Feu, il ne faudrait cependant pas y voir trop vite une forme d'opposition « chien/chat », car le Feu peut aussi venir réchauffer et égayer votre aquarium… Et si c'est la Terre qui se manifeste en majorité, peut-être n'est-elle pas tant là pour vous absorber que pour vous canaliser. Quant à la présence appuyée des signes d'Air, correspond-elle à des individus qui soulignent avec insistance votre sentimentalité ou qui, au contraire, vous invitent à prendre de la hauteur ? La présence d'un élément est souvent là pour nous indiquer quelque chose à développer. Et même si cela nous tire hors de notre zone de confort, c'est heureux car il serait dommage de s'enfermer dans ce que l'on pense être, quand, ultimement, il est question de devenir « Tout ».

Par exemple, si l'on se base sur le thème de l'un des auteurs, une classification de l'importance des éléments dans le thème peut être faite à travers le nombre d'individus recensés pour chacun. (Chaque personne est représentée par l'initiale de son prénom.)

•••

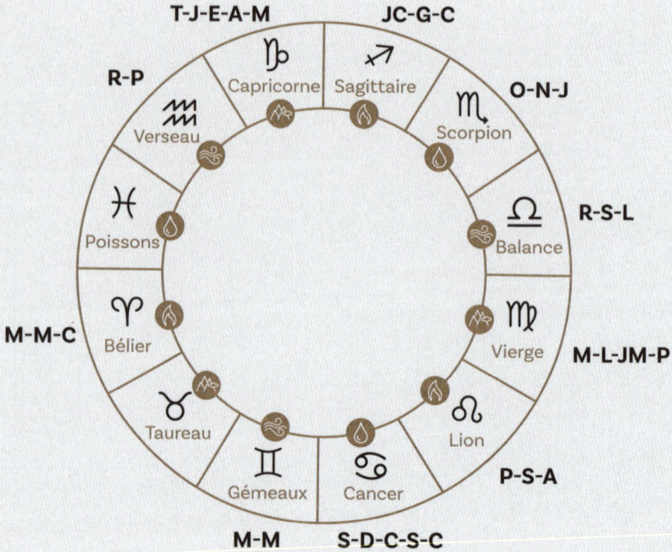

Ce qui donne :

Terre	9
Air	7
Eau	8
Feu	9

Dans ce cas de figure, nous pouvons constater que la répartition est relativement homogène. Ainsi, l'individu a puisé dans la totalité des quatre éléments pour se construire. Mais dans d'autres cas, et peut-être le vôtre, vous remarquerez la prédominance d'un élément par rapport aux autres. Cela vaudra le coup de réfléchir à deux fois à ce que vous ont apporté les personnes dont le Soleil était dans cet élément. Vous constaterez aussi que selon les périodes de la vie, tendances et besoins changent. À partir de là, l'environnement se modifie, et nous voyons apparaître de nouveaux éléments dans notre paysage.

Dans la roue zodiacale, l'opposé du Feu n'est pas l'Eau, mais l'Air. Cela est important à considérer, car dans l'imaginaire, l'opposé annule, ou combat. Or dans ce cas, et vous le savez si vous avez déjà dû allumer un feu, plus celui-ci a d'oxygène, plus il prend aisément son essor.

De même, le couple d'opposés Terre-Eau n'est pas conflictuel. L'Eau vient humidifier et donc nourrir la Terre, tandis que la Terre canalise l'Eau.

Bien sûr, un grand vent pourra éteindre une petite flamme, et trop d'eau inondera les cultures, mais dans l'ensemble, les éléments opposés se nourrissent et travaillent ensemble.

Ainsi, il peut être intéressant d'observer la roue zodiacale de votre entourage sous cet angle.

Quand vous verrez apparaître l'un de ces éléments dans votre tirage, appuyez-vous sur ses qualités naturelles. À ce moment-là, plus qu'un atout, il sera l'expression d'**un pouvoir à activer** : chaleur pour le Feu, fluidité pour l'Eau, solidité pour la Terre, et légèreté pour l'Air.

Il nous reste deux notions à aborder, et nous serons parés pour aborder l'oracle dans les meilleures conditions.

Les modes

Ils sont au nombre de trois et caractérisent chaque signe du Zodiaque.

Ces trois modes se suivent, et toujours dans cet ordre : Cardinal, Fixe, Mutable.

- Les **signes cardinaux** sont ceux qui débutent une saison (Bélier, Cancer, Balance et Capricorne).
- Les **signes fixes** se trouvent au milieu d'une saison (Taureau, Lion, Scorpion et Verseau).
- Les **signes mutables** terminent une saison (Gémeaux, Vierge, Sagittaire et Poissons).

Ainsi, chaque saison est découpée en trois parties égales où l'**on commence quelque chose (Cardinal), on le perfectionne (Fixe) jusqu'à le transformer (Mutable).** Ce qui amène à l'aube d'un nouveau commencement, prenant la forme du signe cardinal ouvrant la saison suivante.

Cardinal (C)

Commençons par **le mode Cardinal**, qui **concerne les signes des équinoxes et des solstices.** Nous retrouvons donc **le Bélier, le Cancer, la Balance et le Capricorne**. Ces signes ont en commun le désir d'activer, de commencer, d'initier, chacun dans leurs domaines respectifs et avec les nuances que proposent les éléments que nous avons vus plus haut. Ainsi, un désir d'activation de type Bélier-Feu sera en apparence plus dynamique qu'un désir de commencement Cancer-Eau. Mais ne nous y trompons pas, bien que ce ne soit pas dans le même domaine, c'est du même élan dont il sera question. Retenez surtout que ces quatre signes sont **générateurs d'idées, de projets, d'énergie.**

Fixe (F)

Vient ensuite **le mode Fixe** qui constitue **le Taureau, le Lion, le Scorpion et le Verseau**. En comparaison avec les signes cardinaux, ceux-là semblent apathiques, lents, hésitants. C'est surtout qu'ils sont occupés à se concentrer sur leur tâche, plutôt qu'en recherche du projet suivant. Ils cherchent à faire aboutir les idées, les projets, parfois jusqu'à l'obsession, et rechignent à débuter quelque chose de nouveau tant que la mission en cours n'a pas abouti. Il en ressort un certain conservatisme, et un potentiel attachement excessif à l'objet de leur attention. Qu'il soit objet ou individu. Ils sont toujours à la suite des signes cardinaux, et leur fonction est de sublimer-densifier l'énergie du signe précédent. Par exemple, le Taureau (Fixe) vient capter l'énergie débordante du Bélier (Cardinal) pour la stabiliser.

Mutable (M)

En présence des signes du mode Mutable, composant **les Gémeaux, la Vierge, le Sagittaire et les Poissons**, le mot-clé est **transformation**… ou évolution. L'immobilisme du mode Fixe leur est insupportable, et leur capacité à projeter le futur peut donner à leur entourage la désagréable impression qu'ils ont deux coups d'avance… en plus d'être arrogants ! Qu'il est dur d'être en avance sur son temps. Heureusement, ces tornades seront pondérées par la présence des modes Fixes, qui ne manqueront pas de croiser leur chemin.

Qu'il est bon de comprendre ce rythme naturel au point de se laisser porter par lui.

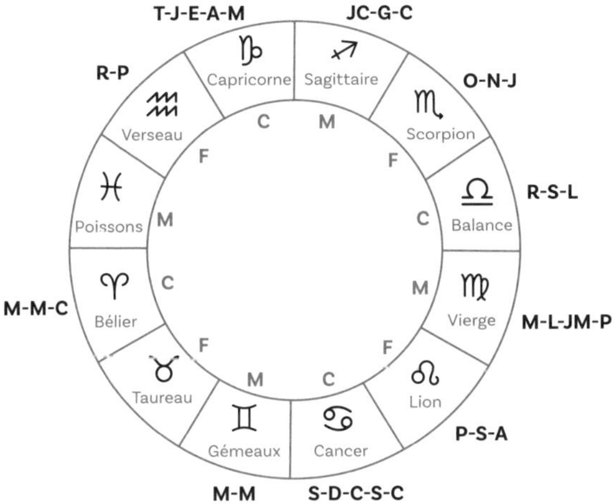

À nouveau, dans votre thème, vous pouvez comptabiliser la répartition des trois modes et en tirer les conclusions qui s'imposent.

Pour le thème de l'un des auteurs, il s'agit de :

C	16
F	8
M	9

Dans le thème d'exemple, nous voyons que les signes fixes (8) sont en retrait et que les signes cardinaux caracolent en tête (16). Nous pouvons en conclure que cette personne recherche majoritairement des individus capables de lui mettre le pied à l'étrier. Rien d'étonnant, son propriétaire n'aime rien tant que commencer ou transformer des choses... Dans l'autre sens, le détenteur de ce thème peut paraître instable aux yeux de ces forces tranquilles que sont les signes fixes.

Les maisons

Enfin, la dernière notion phare de l'astrologie : les maisons.

Le Zodiaque n'est pas seulement divisé en 12 signes, il l'est aussi en 12 secteurs, appelés « maisons ». Ces secteurs décrivent des domaines spécifiques de nos vies et aident à travailler l'ancrage. Le fameux « ici et maintenant » s'incarne de façon privilégiée à travers les détails et les événements du quotidien pointés par le système des maisons. En leur prêtant attention, nous aiguisons notre esprit, qui sera amené à porter le regard là où se trouve la nécessité. Les maisons, précieuses alliées, ne vous décevront pas.

Voici un premier aperçu des douze maisons, associées aux secteurs de vie qu'elles gouvernent, vous les retrouverez détaillées dans l'oracle.

MAISON	Mots-clés
Maison I	Personnalité, apparence (**ascendant**)
Maison II	Biens, physique, finances
Maison III	Frères et sœurs, études concrètes, élèves
Maison IV	Foyer, intimité
Maison V	Cœur, enfants, créativité, plaisirs, jeux
Maison VI	Quotidien, santé, travail
Maison VII	Partenaires, contrats, les autres (alliés ou adversaires)
Maison VIII	Inconscient, héritages, pulsion de vie, pulsion de mort, l'occulte
Maison IX	Philosophie, études abstraites, voyages, enseignant
Maison X	Carrière, vocation, vie publique
Maison XI	Amis, projets, collectifs
Maison XII	Épreuves, secrets, gestation, expériences mystiques

EN RÉSUMÉ

Il y a donc des signes, des planètes, des angles entre elles, des éléments, des modes, des maisons et des qualités à acquérir... Il est l'heure de mettre en pratique tout cela !

Troisième partie

L'Oracle du ZODIAQUE adapté pour vous, amie Vierge

MATÉRIEL NÉCESSAIRE

- Vos 24 cartes.
- Le journal de tirage présent en fin d'ouvrage.
- De quoi écrire (stylo...).
- Ce livre.

Présentation

Vous avez entre les mains un **oracle comportemental**, adapté à votre signe solaire. Cet outil repose sur deux variables :

1. **le secteur de votre vie auquel vous devez prêter attention**, déterminé par une carte « Maison ». Soit douze possibilités ; par exemple : Maison II (vos biens), Maison VI (le travail) ou Maison XI (les amis) ;
2. **le type d'énergie à déployer**, déterminé par une des douze cartes « signes du Zodiaque ». Soit douze possibilités ; par exemple : Bélier, Gémeaux ou Capricorne.

L'oracle propose ensuite une association de ces deux éléments, ce qui donne 144 possibilités. Donc **144 conseils** (12 x 12) qui seront autant de pistes concrètes pour enrichir vos qualités naturelles et faire évoluer votre quotidien au mieux.

À partir de là, il sera bon de mobiliser votre attention afin de comprendre **pourquoi** l'oracle met l'accent sur tel secteur de votre vie ; par exemple : Maison VII (votre partenaire actuel).

Une fois cela fait, vous n'aurez plus qu'à mettre en œuvre la stratégie d'attitude proposée par le signe Zodiacal que vous avez sélectionné.

Concernant la durée de validité de votre tirage, vous pourrez à loisir interroger l'oracle pour une journée, ou pour une période plus longue. Mais nous vous conseillons vivement de définir « intérieurement » cette période avec précision.

Dans un premier temps, nous vous conseillons d'utiliser l'oracle uniquement de cette façon, en posant deux simples questions : **« Quel secteur de ma vie va être particulièrement activé aujourd'hui ? »** et **« Quelle énergie dois-je mettre en œuvre dans ce secteur pour que ma journée se déroule au mieux ? »**

Puis, lorsque vous serez familiarisé avec votre oracle, vous pourrez prendre plus de liberté et lui poser des questions plus précises (par exemple, l'interroger pour savoir quelle attitude vous devriez adopter pour mener à bien tel projet). Une liste de questions vous est proposée en page 124 pour vous guider si vous êtes en manque d'inspiration.

Un dernier conseil : prenez le temps de faire connaissance avec votre oracle. Apprivoisez-vous mutuellement. Au fil de votre utilisation, une réelle connivence s'installera et cet outil deviendra un véritable compagnon de route.

Mode d'emploi

1. Tout d'abord, posez-vous intérieurement cette question simple : « **Quel secteur de ma vie va être particulièrement activé aujourd'hui ?** »
2. Mélangez vos cartes « maisons », placez-les face contre table, puis choisissez-en une.
3. Consultez le résultat de ce premier tirage et notez-le (dans votre journal de tirage en fin d'ouvrage ou dans un carnet).
4. Posez ensuite la question : « **Quelle énergie dois-je mettre en œuvre dans ce secteur pour que ma journée se déroule au mieux ?** »
5. Mélangez vos cartes « Signes astrologiques », placez-les face contre table, puis choisissez-en une.
6. Consultez le résultat de ce second tirage et notez-le également.

7 À partir de là, il vous faudra être attentif aux ambiances et événements qui surviendront, et quand vous reconnaîtrez la « maison », alors il vous faudra trouver le moyen de mettre en œuvre ce que propose le « Signe » que vous avez tiré.

8 En fin de journée, notez vos impressions et ce que vous aurez observé.

Parfois, cela se jouera sur des détails, et ce n'est qu'à la fin de la journée que vous vous direz : « Bon sang, mais c'est bien sûr, c'était ça ! » Il faut accepter ce côté ludique, et accepter aussi de ne pas tout voir du premier coup. Votre esprit doit se familiariser avec cette façon de voir le monde, et comme dans tout ce qui est du domaine de l'esprit, il ne faut rien forcer.

Quelques fois, au contraire, le conseil sera évident, tel du bon sens.

Un exemple : Gémeaux en maison XI = appeler (Gémeaux) des amis (maison XI). Inutile de chercher midi à quatorze heures : vous recevrez sûrement des appels, même si rien ne vous empêche de prendre des nouvelles de votre côté.

Il y aura aussi des journées moins mouvementées, c'est comme ça. Avec la maison VI par exemple, les événements pourront juste prendre l'apparence d'un peu de ménage ou de sport.

D'autres fois, vous reconnaîtrez les ambiances décrites par la « maison » et le « Signe », mais il n'y aura pas grand-chose à faire, si ce n'est constater. Cela peut par exemple arriver avec les Poissons, là où justement, ce qu'il y a à voir, c'est qu'il est difficile de percevoir la situation telle qu'elle est.

Dans tous les cas, il y a fort à parier que **l'oracle vous surprendra plus d'une fois dans sa capacité à détecter le secteur de votre vie où quelque chose se passe, ainsi que dans la pertinence de la stratégie qu'il vous proposera de mettre en œuvre**.

INTERPRÉTATION DE L'ORACLE

Première étape :

LES MAISONS ASTROLOGIQUES

Dans un premier temps, il vous faut aller chercher les informations relatives à la carte « maison » que vous sélectionnez, dans un des douze paragraphes qui suivent.

UN POINT SUR L'ASCENDANT

L'ascendant est la seconde clé de compréhension du thème astral, juste après le Soleil. Il décrit notre manière de nous comporter en société. En conséquence, il est aussi le biais par lequel les autres nous perçoivent. On décèlera l'ascendant, tant au travers de l'attitude adoptée, que dans l'apparence physique de la personne.

Il vient aussi souligner les valeurs que le natif sera amené à intégrer tout au long de sa vie. Elles enrichiront sa personnalité et l'aideront à mûrir. Par exemple, un ascendant Bélier sera invité à construire sa personnalité, et à faire ses propres choix, en toute autonomie. Tandis qu'un ascendant Balance assimilera un jour ou l'autre la nécessité de prendre en compte l'autre, voire de faire équipe avec lui.

Sens des maisons astrologiques

MAISON I

Si cette maison intervient dans votre tirage, le message est clair : il faut vous occuper de vous et prêter attention aux choses nouvelles qui pourraient vous être proposées.

Ce secteur est aussi appelé la maison de **l'ascendant**. Sa célébrité vient du fait qu'il représente - entre autres - la personnalité.

Mots-clés : la personnalité ♦ la tête ♦ l'entrée de la demeure ♦ le désir et la confiance en soi ♦ le Moi ♦ l'apparence physique ♦ la volonté ♦ l'initiative

MAISON II

Ici, on cherche à se sécuriser par tous les moyens à notre disposition. Tout ce qui pourra nous confirmer que ce monde est tangible, soit par l'usage de nos sens soit par le contrôle de nos biens et finances est relatif à cette maison. Si elle est sélectionnée, portez votre attention vers des problématiques concrètes, c'est par là que ça se passe.

Mots-clés : la sécurité matérielle ♦ le cou et la gorge ♦ les finances ♦ le concret ♦ la cuisine ♦ la voix ♦ la sensualité ♦ les sens

MAISON III

Dans ce secteur, nous sommes un étudiant qui approfondit plusieurs matières en une journée. Nous recherchons la diversité, la communication et tout ce qui peut nous mettre en lien avec notre environnement direct. Quand cette maison est présente, il est courant de recevoir des messages, courriers, et de se déplacer plus qu'à l'accoutumée.

Mots-clés : les proches ◊ les voisins ◊ la fratrie ◊ les études concrètes ◊ les facultés intellectuelles ◊ les bras et les mains ◊ les écrits, les livres et la communication ◊ les petits déplacements ◊ la bibliothèque ◊ le commerce ◊ les ordinateurs et téléphones

MAISON IV

Qu'elles soient extérieures ou intérieures, dans cette maison, nos racines sont sollicitées. Le plus souvent, cela prend la forme d'un temps de repli, dans notre cocon ou un lieu qui évoque pour nous le confort et l'intime. Une certaine forme de bien-être doit être recherchée afin que puisse se déployer notre inspiration. Attention toutefois, le retour au bercail n'est pas toujours de tout repos.

Mots-clés : les racines ancestrales ◊ la famille ◊ l'intimité ◊ le confort ◊ les parents ◊ le sein maternel ◊ la cheminée ◊ la solution des problèmes ◊ la fin des choses ◊ les secrets familiaux ◊ le foyer

MAISON V

Secteur de l'Amour et du cœur, dans cette maison règne le jeu sous toutes ses formes. Parfois amoureux, d'autres fois spéculatif ou artistique... Quel que soit le canal, il servira à exprimer notre créativité. Dans notre tirage, il met l'accent sur nos désirs, plaisirs, talents. Il y a quelque chose à créer, ne serait-ce que de la joie.

Mots-clés : la créativité et la procréativité ◊ le cœur ◊ les enfants ◊ l'amour ◊ les jeux ◊ la salle à manger ◊ les vêtements ◊ l'art

MAISON VI

Nous voilà dans la demeure de l'expérimentation. Toute d'action, de répétition, de mesure et de précision vêtue, la maison VI est le royaume des réparateurs en tous genres, du médecin au thérapeute en passant par le garagiste. Quand elle se manifeste dans le tirage, elle peut signifier qu'il y a quelque chose à voir du côté de la santé, de l'hygiène ou du travail quotidien.

Mots-clés : Le travail quotidien ◊ les animaux de compagnie ◊ l'alimentation ◊ l'hygiène ◊ le sport ◊ la santé ◊ les lieux où l'on répare ◊ le savoir-faire ◊ les méthodes ◊ les rangements et classements ◊ les contraintes ◊ les services

MAISON VII

Dans ce secteur, c'est souvent une personne en particulier qui retient notre attention. Un partenaire, un associé, un client ou concurrent, notre conjoint, mais peut-être aussi un adversaire. Bref, c'est l'Autre avec un grand A. Il pourra être question du devenir d'une relation, d'un contrat, d'un engagement. Quand cette maison se manifeste, la question est : que fais-je avec l'autre ? Notre relation est-elle équilibrée ? À quoi dois-je être attentif pour lui... et moi ? (Nous précisons car, même là, il n'est jamais bon de s'oublier, ce serait le meilleur moyen de sombrer dans un disgracieux rapport dominant-dominé.)

Mots-clés : l'autre ◊ les contrats ◊ les partenaires et collaborateurs ◊ les clients ◊ le conjoint ◊ l'adversaire ◊ ce qui est en face de soi ◊ le mariage

MAISON VIII

Cette configuration concerne souvent ce qui est caché. Nous y retrouvons la recherche de l'intime, la sexualité (cette fois-ci, plus en lien avec le pouvoir), la fusion, et parfois même le non-dit et le secret. Tout ce qui est de l'ordre de la psychologie, de l'occulte, du magique sans oublier la mort, peut se trouver ici. La manipulation et la recherche du coupable seront aussi de la partie. Cependant, pas de panique, dans un tirage, cette maison invite le plus souvent à tourner son regard vers l'intérieur, et à prendre le temps de découvrir les richesses que recèlent nos zones d'ombre.

Mots-clés : les peurs ◊ l'héritage ◊ la sexualité ◊ les pulsions ◊ le rapport à la mort ◊ l'inconscient ◊ la psychologie ◊ les non dits ◊ l'occulte ◊ le magique ◊ la passion ◊ les fantasmes ◊ les tabous ◊ les traumatismes

MAISON IX

Dans cette zone, nous rencontrons nos systèmes de valeurs, qu'ils soient principes, croyances ou préjugés. C'est le lieu de l'enseignement, des études supérieures et de tout ce qui sera en lien avec la philosophie, la religion et plus largement la sagesse. Le rapport avec l'enseignant ou le guide sera aussi concerné. Traditionnellement, cette maison concerne également les voyages, la quête de nouveaux espaces. Mais cela peut tout à fait se transposer en quête personnelle et intérieure.

Mots-clés : les étrangers ◊ les enseignants et les lieux de transmission ◊ la philosophie ◊ la religion ◊ les grands voyages (à l'étranger ou intérieurs)

MAISON X

Nous voici dans le secteur de la carrière. Cela recouvre aussi bien les diplômes et la reconnaissance que les responsabilités et l'ambition. Nous cherchons à nous élever grâce à nos compétences, et nous faisons montre d'une certaine autorité. Dans un tirage, cette maison nous invite à œuvrer dans le domaine où, grâce à notre expertise, nous nous épanouissons. Par ailleurs, elle mentionne nos parents, qui peuvent, sous une forme ou une autre, se manifester pendant cette période.

Mots-clés : la réalisation ✧ la vocation ✧ la visibilité ✧ le zénith ✧ ce qui est en haut ✧ la montagne

MAISON XI

Ce secteur fait le plus souvent référence aux amis ainsi qu'aux groupes et associations dans lesquels nous nous investissons. C'est aussi le lieu de l'humanisme, de la politique, et de la liberté… Sans contrainte, et parfois hors convention. Les secteurs de la recherche et de l'innovation sont également concernés. Dans un tirage, cette maison questionne notre place dans le groupe…

Et la posture à adopter au sein de celui-ci sera indiquée par le signe zodiacal sélectionné.

Mots-clés : les amis ✧ les projets ✧ les causes humanitaires ✧ les lieux atypiques où l'on innove ✧ l'universalisme ✧ la politique ✧ les conseils

MAISON XII

Ce secteur synthétise toutes les expériences accumulées dans les maisons précédentes. C'est un temps intermédiaire, qui propose une forme de retrait afin de dégager tous les enseignements du cycle écoulé. Pendant cette période, il n'y a plus de calcul. Profitons-en pour lâcher la petite calculatrice que nous avons dans la tête et offrons sans compter notre disponibilité à ceux qui pourraient en avoir besoin. Si vous le pouvez, partez au vert ou dans des lieux qui se prêtent à la contemplation ou au bénévolat.

Mots-clés : les choses invisibles ✧ les épreuves ✧ les hôpitaux ✧ les prisons ✧ les monastères ✧ la fin de cycle ✧ la dissolution ✧ l'absolu ✧ les périodes de retraite ✧ les expériences mystiques ✧ le bénévolat

Deuxième étape :

LES SIGNES ASTROLOGIQUES

interprétation des résultats

Comme vous avez pu le constater, un signe du Zodiaque correspond au résultat de vos tirages.
Voici comment les interpréter.

Déployez l'énergie du BÉLIER

Sur l'horizon se lève mon ardeur indomptée ;
Champion ourlé de flammes, je m'apprête à jouter.

♈

DEVISE : J'AGIS

- Actions suggérées : entreprendre ✧ s'affirmer ✧ affronter
- Tempérament induit : impétueux ✧ exalté ✧ spontané ✧ enthousiaste
- Sans tomber dans les travers suivants : brutal ✧ instable ✧ chaotique ✧ agressif
- Un temps pour : entreprendre

- **Aspect de quinconce (150°) : Vierge-Bélier : ouverture aux autres ; incitation au dépassement de soi par de nouveaux objectifs.**
- Énergie naturellement présente du 20 mars au 20 avril.

Le Bélier est l'affirmation de soi. Il s'inscrit dans l'action, dans l'ici et maintenant. Son étincelle est source de chaleur et de vitalité… L'opportunité d'un nouveau brasier.

Le Bélier donne des ailes à la Vierge. Quels que soient les sujets qui vous préoccupent en ce moment, ce tirage est le signe que vous avez suffisamment préparé le terrain. Lorsque sonne l'heure de l'action, la prudente Vierge rechigne, répertorie inlassablement toutes les données récoltées. Le Bélier, porteur du Feu originel, vient lui apporter ce dont elle a besoin pour dépasser ses peurs : l'étincelle. Il est temps d'agir et de mettre en œuvre cette idée que vous portez. Il ne s'agit pas de se précipiter, simplement d'avoir confiance en votre capacité d'action. Peut-être vous lancerez-vous dans ce projet qui revient dans vos pensées, ou mettrez-vous davantage de piment et de fougue dans votre vie privée ; à vous de voir. Il est également possible que vous vous autorisiez à libérer une colère refoulée depuis longtemps.

Le Bélier, épaulé de Mars, vous apporte sa créativité, sa hardiesse. Il est probable que vous vous sentiez un peu dépassé par la spontanéité qui se manifestera dans vos expressions. Savourez ce temps d'embrasement, c'est la ferveur qui circule dans votre cœur, plus impétueux que de coutume.

✷ **Un temps pour entreprendre. Vous serez un véritable déclencheur. Vous aurez beaucoup d'énergie à votre** disposition, c'est le *timing* parfait pour commencer quelque chose, avec fougue et enthousiasme. Ne réfléchissez pas trop, il n'est pas temps d'être ordonné, mais plutôt de vous connecter au Feu primordial, parfois explosif, du Bélier. Pour favoriser cet élan, n'hésitez pas à faire appel à des objets ou vêtements qui évoquent pour vous le dynamisme. Osez-vous exprimer. Proposez, initiez ! Affirmez-vous, quitte à surprendre vos proches.

Attention ! L'inconvénient de cette dynamique est la tendance à foncer tête baissée. Emporté par cette fougue, même vous, vous pourriez cette fois-ci perdre le sens de la mesure.

♈

Déployez l'énergie du TAUREAU

Puissance exhale de mes naseaux fumants,
À chacun de mes pas, volupté
des fleurs naissantes.

♉

DEVISE : JE POSSÈDE

- Actions suggérées : persévérer ✧ savourer ✧ accumuler ✧ parler
- Tempérament induit : sensuel ✧ gourmand ✧ paisible
- Sans tomber dans les travers suivants : têtu ✧ apathique ✧ jaloux
- Un temps pour : consolider les bases

- **Aspect de trigone (120°) : Vierge-Taureau : coopération ; harmonie ; aide.**
- Énergie naturellement présente du 21 avril au 21 mai.

Les deux compères, enracinés dans la Terre, se comprennent : ils font tous deux provisions de réalisme et de patience lorsqu'ils convoitent quelque chose. Cet angle, très favorable à la Vierge, vient apaiser son anxiété, son perfectionnisme. Le Taureau, fondamentalement serein, désire rendre sa vie aussi satisfaisante que possible. Pour ce faire, il prend le temps pour construire sa maison, sa famille, ses projets, et ne se tourneboule pas la tête inopinément. Cette créature ne connaît pas la petite voix intérieure de la Vierge *« Tu aurais pu faire mieux »*. Le Taureau a la sagesse de se contenter, car c'est le plus court chemin vers le bonheur. Il ne mesure pas ce qu'il accomplit. Il le savoure, tout sensuel qu'il est.

En bref, vivre le Taureau est l'opportunité de prendre du plaisir. Ce peut être à travers le partage d'un repas en galante compagnie, un nouveau vêtement qui mettra vos charmes en valeur, ou pourquoi pas l'achat de ce terrain qui vous permettra de changer de mode de vie… En tout cas, c'est l'occasion de rassembler vos ressources, en prévision de concrétiser des projets qui vous tiennent à cœur.

Cette configuration qui induit des ralentissements, vous dirigera vers la matière. Vous serez sûrement traversé par des réflexions allant des notions de propriété, de gain, jusqu'à celles des attachements relationnels.

✷ **Un temps pour consolider les bases. Vous expérimentez la Terre paisible du Taureau. C'est le moment**

idéal pour accepter avec philosophie une phase de ralentissement… Que vous pourrez mettre à profit pour consolider vos acquis. Parlez peu, mais avec confiance et aplomb. Retroussez vos manches, et sans vous presser, passez de la théorie à la pratique. Choisissez un projet, un désir d'accomplissement, et commencez à en poser les fondations. Et si rien ne vous traverse, profitez donc de cette énergie paisible qui pourrait se résumer à « luxe, calme et volupté ».

Vivre le Taureau est d'abord une perception physique. Veillez à garder les pieds ancrés au sol, car votre énergie, plus dense que d'habitude, viendra directement de là. Amusez-vous à marcher lentement, et n'hésitez pas à vous visualiser sous la forme du divin bovin. Prenez toute votre place en évoluant dans l'espace avec puissance et aura. L'atmosphère est concrète, l'esprit se stabilise et s'engage dans la voie d'une construction positive, bienveillante et empreinte de simplicité.

Prudence sur un point : le Taureau a ses petites habitudes… Parmi lesquelles un très vigoureux instinct de propriété. De là, une forme de possessivité peut s'exprimer… Et la jalousie n'est jamais loin !

♉

Déployez l'énergie des GÉMEAUX

Nous, riants frères aux mains mêlées ;
L'esprit aligné sur le cœur.

♊

DEVISE : JE PENSE

- Actions suggérées : élaborer ✧ créer des liens ✧ découvrir
- Tempérament induit : curieux ✧ social ✧ facétieux
- Sans tomber dans les travers suivants : superficiel ✧ dispersé ✧ nerveux
- Un temps pour : communiquer

- **Aspect de carré (90°) : Vierge-Gémeaux : dynamique ; tension ; progression.**
- Énergie naturellement présente du 22 mai au 22 juin.

Les Gémeaux ont le même divin complice que vous, Mercure. Quant à l'angle, c'est un carré stimulant. Ici, une expérience ludique vous attend, axée sur l'élaboration des pensées et des concepts. L'Air des Gémeaux, mutable, vous pousse au contact, à l'adaptation, bref à la communication. C'est lui, l'Air frais qui s'engouffre dans votre laboratoire resté trop longtemps fermé ! Dans un premier temps, cette légèreté peut bousculer vos éprouvettes, mais elle est un antidote aux excès de sérieux et viendra littéralement rafraîchir vos idées.

En vous apprenant à relativiser, à faire de l'autre un partenaire de jeu, quitte à temporairement laisser de côté vos envies de perfection, les Gémeaux viennent alléger vos certitudes.

Vous vous doutez qu'avec une telle gymnastique intellectuelle, les conversations fuseront jusque très tard dans la nuit. Ce tirage vous encourage à faire preuve d'une curiosité intellectuelle et d'une ouverture dans les rencontres, et d'être attentif aux opportunités qui ne manqueront pas de se présenter.

✴ **Un temps pour communiquer. Mercure vous prend sous son aile. Il est probable que vous deviez mener de front plusieurs missions, sans pour autant avoir le temps de les conduire à terme. Mais peu importe votre apparente dispersion, l'heure est au développement de l'adaptabilité, de la curiosité... Bien sûr, vous**

ne manquerez pas de faire des liens entre toutes les informations qui vous parviendront.

Sur le plan mental, prêtez attention à vos pensées, sans les juger. Laissez Mercure tisser sa trame créative, il vous montre ainsi des chemins intérieurs habituellement masqués…

Soyez réactif et allez à la rencontre des personnes qui vous entourent, voisins, cousins… dévorez les articles ou les livres que vous avez en retard ; découvrez de nouvelles disciplines, recherchez de nouvelles connaissances, même si cela vous demande de faire quelques kilomètres en voiture. Dans tous les cas, de petits trajets sont à prévoir.

Pendant cette phase, il est possible que vous contactiez votre part adolescente, ou qu'elle se manifeste à travers des interactions avec des personnes plus jeunes que vous. À ce moment-là, soyez à l'écoute, de bonnes idées peuvent en découler.

Cette expérience plutôt cérébrale peut être accompagnée d'une certaine fébrilité.

S'incarner dans les Gémeaux est l'occasion d'apprendre à mettre du jeu dans le quotidien… Grande leçon du Vif-argent !

Déployez l'énergie du **CANCER**

Au reflux de mes vertiges, l'eau bruissante ;
Toujours moi-même… Mais qui suis-je ?

DEVISE : JE RESSENS

- Actions suggérées : imaginer ◊ ressentir ◊ materner
- Tempérament induit : intuitif ◊ sensible ◊ créatif
- Sans tomber dans les travers suivants : lunatique ◊ manipulateur ◊ susceptible
- Un temps pour : ressentir

✳ **Aspect de sextile (60°) : Vierge-Cancer : enrichissement mutuel ; complémentarité.**

✳ Énergie naturellement présente du 23 juin au 22 juillet.

Quel est ce monde aquatique où les émotions vont et viennent sans logique apparente ? La Vierge, signe de Terre, n'est pas dans son élément quand il est question de débordement. Elle préfère quand tout est disposé au carré, et n'expose pas son intimité. Malgré tout, vous vous sentez interpellé par la force des émotions qui traversent le Cancer. Elles vous ébranlent, et ce faisant, nourrissent votre Terre.

Le Cancer vous rappelle que les émotions occupent une grande part de votre vie et qu'à partir du moment où vous les écoutez, elles viennent nuancer, enrichir ce que vous savez de vous-même et du monde. S'autoriser à se laisser traverser par ses émotions, sans chercher à les soustraire à la vue des autres, peut être un enseignement du Cancer. Vivre cette expérience, c'est un peu aller à rebours de votre nature. C'est accepter que tout n'est pas contrôlable. C'est reconnaître qu'il existe des bourrasques émotionnelles qui vous fauchent comme les blés.

Pendant cette phase, vous pouvez également constater que votre intuition cherche à se faire entendre : pourquoi ne pas prêter l'oreille à ce qu'elle vous chuchote ?

Le Cancer, c'est aussi la tendance au *cocooning*. Une invitation à chérir votre tribu. Savourez ces instants comme on goûte une pause pleine de tendresse : bisous, chocolat chaud et cookies à volonté. Même si la séance de travail du jour se fait en groupe, il s'en dégagera une ambiance « familiale ».

* Un temps pour ressentir, pour retomber en enfance et se laisser bercer par les images primitives[7], qu'elles soient enchanteresses ou terrifiantes. Il est possible lors de cette phase Cancer que vous soyez sollicité, homme ou femme, dans votre facette maternante. Vous pourrez expérimenter, quelle que soit la situation, votre faculté à rassurer et à chérir. La Lune, archétype féminin, étant la maîtresse du Cancer, peut-être allez-vous aussi par votre allure et vos gestes exsuder une pure féminité. Les hommes seront reliés à leur part féminine et manifesteront une sensibilité à fleur de peau.

Lors de cette phase, nous vous invitons à vous relier à votre enfant intérieur. Conviez-le dans votre quotidien, dans votre environnement, que ressent-il en mettant ses pas dans ceux de l'homme ou de la femme que vous êtes aujourd'hui ? Quel message a-t-il à vous transmettre ? Qu'aurait-il pensé de cette situation qui vous touche peut-être actuellement ?

Et pendant que vous y êtes, profitez-en pour vous amuser, créer, et finir la journée avec de la peinture plein les doigts... Peu importe la forme que prendra votre créativité aujourd'hui, donnez-lui les moyens de s'exprimer. Ce qui en résultera pourrait bien vous enchanter.

Avertissement : la Vierge est facilement anxieuse et le Cancer angoissé. Gare à cette alchimie ! Ne vous laissez pas déstabiliser par des peurs irraisonnées.

---

7. **Les images primitives évoquent tant les souvenirs qu'une relecture de leur part fantasmatique, propre à la perception des enfants : apercevoir des géants, ressentir la peur archaïque du monstre sous le lit, ou être émerveillé par une femme que l'on pare en esprit des atours de la fée.**

Déployez l’énergie du LION

Soleil triomphant ;
La vie me fait cortège.
Que je rugisse,
Et tout se désagrège.

♌

DEVISE : JE RAYONNE

- Actions suggérées : rayonner ✧ gouverner ✧ aimer
- Tempérament induit : chaleureux ✧ leader ✧ confiant ✧ généreux
- Sans tomber dans les travers suivants : orgueilleux ✧ tyrannique ✧ fainéant
- Un temps pour : rayonner

✴ **Aspect de semi-sextile (30°) : Vierge-Lion : émergence ; aspect facilitateur.**

✴ Énergie naturellement présente du 23 juillet au 22 août.

Cet angle est doux, Vierge et Lion travaillent de concert, Cérès dans l'ombre, au service du Soleil. D'ailleurs, il est possible que cet accord ne vous soit pas étranger. Si vous avez lu votre portrait, vous avez peut-être retenu que dans les Vierges demeurent des accents léonins : ce tirage vous suggère de faire ressortir le meilleur de ce noble héritage.

Le Feu fixe du Lion invite au repos, et à l'établissement en soi-même. (N'oublions pas que le roi des animaux dort vingt heures par jour.) Pendant cette phase il n'est plus tant question d'œuvrer que de nourrir l'existant. Momentanément, quittez vos habits d'abeille ouvrière, et acceptez la couronne de la reine. Mais qui dit couronne, dit charges. En conséquence, peut-être serez-vous aussi sollicité pour votre guidance. C'est l'occasion d'accepter que vous puissiez faire preuve d'autorité et une excellente base pour obtenir davantage de responsabilités.

Cette posture vous invite à une prise de distance temporaire avec certaines situations. Celui qui règne n'a pas vocation à être en première ligne. D'un regard, il se hisse au-dessus des factions, et en ayant toujours à l'esprit que sagesse sans compassion ne vaut pas mieux que compassion sans sagesse, il délivre son jugement.

Pendant cette période, il est possible que votre compagnie soit recherchée pour le réconfort qu'elle apporte. Faites-en bénéficier vos proches, comme on prodigue un baume.

* Un temps pour rayonner. Dans cette phase, vous serez sur le devant de la scène, telle une reine brillant de mille feux. Mais notez bien qu'une reine l'est par nature. Alors soyez sobre dans votre allure, comptez sur l'autorité et la légitimité naturelle du félin pour en imposer. À ce sujet, n'hésitez pas à vous inspirer des chats qui vous entourent, ils sont d'excellents maîtres dans l'art de régner avec classe et sobriété. Soignez votre port de tête, il doit être altier, mais détendu. Privilégiez les matières nobles, plutôt que les effets m'as-tu-vu. Vous devez inspirer le respect de fait, en évitant l'écueil de la surenchère. Lorsque vous vous exprimerez, pensez à faire des pauses avant de prendre la parole, afin que votre auditoire soit tout ouïe. De même, placez-vous au centre du groupe auquel vous vous adressez. Le Lion incite à rendre visible et à faire rayonner ses richesses intérieures. Il conscientise, puis affirme son individualité.

Vivre le Lion est une aubaine pour rassembler autour de vous, autour d'une valeur qui vous porte, d'un idéal. Dans cet exercice, vous excellerez et serez charismatique et chaleureux comme le Soleil. En parallèle, vous trouverez certainement l'opportunité de réaliser un geste généreux à l'égard d'une personne ou d'une cause.

Tout au long de cette journée, nous vous proposons de vous connecter à votre cœur, organe Lion par excellence. Reliez-vous à lui. Il est votre centre, ressentez sa vie intérieure. Visualisez que chacune de vos paroles et de vos actions part directement de lui. Au fil de cette expérience, votre cœur et votre créativité seront vos guides. Soyez vous-même de façon pleinement assumée, vous pouvez être fier de ce que vous êtes (ce qui n'a rien à voir avec de l'arrogance), car l'astre du jour n'a pas vocation à se cacher !

Si jamais on ne vous caresse pas dans le sens de la crinière, prenez garde à ne pas trop vite sortir les griffes. Et dans vos paroles, évitez les rugissements… Ce sont deux tendances très Lion.

♌

Déployez l'énergie de la **VIERGE**

(que vous connaissez bien !)

Je sers, je sème, je moissonne ;
Ô joie,
Toute graine aimée donne nourriture
aux hommes.

♍

DEVISE : JE SERS

- Actions suggérées : ordonner ◊ analyser ◊ optimiser
- Tempérament induit : laborieux ◊ perfectionniste ◊ dévoué
- Sans tomber dans les travers suivants : maniaque ◊ rigide ◊ ruminateur
- Un temps pour : perfectionner

- Aspect de conjonction (0°) : Vierge-Vierge : fusion.
- Énergie naturellement présente du 23 août au 22 septembre.

Votre tirage vous préconise d'exprimer vos valeurs Vierge. La mallette à outils remise à votre naissance est précisément celle dont vous avez besoin aujourd'hui. Alors, utilisez votre vigilance comme une boussole, elle préservera votre navire de tous les écueils. Cependant, gardez-vous de forcer le trait dans votre tendance au contrôle. Faire de votre mieux suffit. Par ailleurs, le caractère mutable de la Vierge implique que vous soyez capable de libérer de l'espace, pour ouvrir grand vos bras à l'inconnu.

Quelle que soit la tâche, la dynamique Vierge incite à s'y dévouer corps et biens, avec précision, et dans l'optique d'une application concrète et mesurable. Son souci de perfectibilité exige de donner le meilleur de soi, avec dévouement et méthode. Cette configuration Terre-Terre vient soutenir la Vierge dans sa capacité d'optimisation de tout processus, mais également dans sa faculté de réflexion, et d'objectivation d'une situation.

Par ailleurs, nos Cérès sont talentueuses dans l'agencement d'un intérieur coquet et confortable, elles sont telles des fées qui enjolivent le quotidien. Douées d'intelligence relationnelle, leur compagnie est singulièrement drôle et agréable.

Cette expérience est sous le sceau de la discrétion et de la sobriété, vous saurez vous effacer derrière votre labeur et les causes pour lesquelles vous vous impliquerez. Votre allure sera empreinte d'un goût sûr. Rappelons que la Vierge a capitalisé sur l'expérience du Lion, élégance et subtilité sont ses maîtres-mots.

- ✷ **Un temps pour mettre de l'ordre. Grâce à Cérès, déesse des récoltes, vous aurez une extraordinaire capacité à trier puis classer toutes les informations dont vous serez le récepteur. Vous serez plutôt discret, petite main silencieuse et laborieuse, et cela vous permettra d'être efficace et très précis dans votre travail. Votre capacité d'analyse balayera tel un sonar les personnes et événements qui surviendront. L'humilité vous accompagnant, ne soyez pas surpris si vous vous appliquez cette tendance.**

Très important en ce jour, connectez-vous à la notion de service. Si une question devait résumer la Vierge, ce serait : À quoi je sers ? Dans quoi j'investis mon énergie, avec quelles conséquences pour mon entourage ? Ce questionnement explique aussi les courantes remises en question qu'expérimente ce signe, qui cherche avant tout à améliorer les choses et les processus.

Plus prosaïquement, les journées où l'on fait le ménage, où l'on va déposer la voiture chez le garagiste, sans oublier d'amener le petit dernier chez le médecin pour son otite, sont souvent sous l'égide de la Vierge.

Attention, l'analyse attirant souvent le regard vers ce qui dysfonctionne, une tendance à la critique ou la dévalorisation peut survenir. Si jamais vous détectez ce travers, n'oubliez pas : « *Ton cœur t'accuse, mais l'Univers est plus grand que ton cœur*[8]. »

8. Variation sur 1. Jean, 3:20. Bible.

Déployez l'énergie de la **BALANCE**

De Toi et de Moi naîtra l'Harmonie parfaite ;
Dans le chœur céleste, chacun joue sa partition.

♎

DEVISE : J'ÉQUILIBRE

- Actions suggérées : concilier ◊ équilibrer ◊ séduire
- Tempérament induit : diplomate ◊ rectitude ◊ artiste
- Sans tomber dans les travers suivants : indécis ◊ mondain ◊ manipulateur
- Un temps pour : concilier

- **Aspect de semi-sextile (30°) : Vierge-Balance : émergence ; aspect facilitateur.**
- Énergie naturellement présente du 23 septembre au 22 octobre.

C'est un angle doux, l'entrain et la délicatesse vous caractérisent l'une et l'autre. Tout comme vous, la Balance, signe d'Air, est une tête pensante. Pour autant, elle se montre plus extravertie, plus audacieuse. Au cours de cette expérience, vous exploitez son aptitude à communiquer et à séduire pour créer de nouvelles opportunités.

La Balance est guidée par le Bien et le Beau, elle œuvre pour rendre heureuses les personnes qui l'entourent. Par ce tirage, vous rechercherez en toute chose, l'équilibre et la justesse, voire à devenir l'artisan d'une justice majuscule. Pour ce faire, vous serez davantage amené à jouer le rôle de conciliateur, plutôt que celui d'assistant ou de scribe auquel vous êtes rompu.

Avec la présence de cette énergie cardinale, le désir d'inaugurer quelque chose de nouveau se manifeste régulièrement. L'Air de la Balance, par nature communicante, peut stimuler la Vierge - signe de Terre réservé - à verbaliser ses idées, et l'aider à en faire émerger de nouvelles. Ce sera donc un temps d'activité, d'émulation, où le relationnel sera placé au centre.

- **Un temps pour concilier. La Balance est un animal de civisme. C'est l'occasion de réaliser aujourd'hui une action juste et donc de vous interroger d'abord sur ce que « juste » signifie pour vous. Soyez également attentif lors des échanges avec les autres, leur laissez-vous l'espace pour s'exprimer ? Se déployer ? Savez-vous être à l'écoute ? Savoir composer avec**

l'autre et le considérer est l'axe que la Balance vous propose d'explorer. En effet, trop souvent nous considérons autrui en fonction de ce que nous désirons de lui… Quitte à oublier parfois qu'il est une personne à part entière avec ses désirs et besoins propres. Et vous, au fait, vous sentez-vous suffisamment écouté ? Si ce n'est pas le cas… dites-le !

Vous mettre dans la peau d'une Balance, c'est aussi faire l'expérience du charme et du sourire. Le matin, regardez-vous dans le miroir et souriez avec naturel. Ressentez à quel point ce sourire vous fait du bien, puis testez-le tout au long de votre réalité Balance en visualisant la divine Vénus à vos côtés. Vous ne tarderez pas à remarquer que le sourire est communicatif, tel un phare, il éclaire et répand l'harmonie. Cette expérience, anodine en apparence, vous permet de dénouer des nœuds, d'assouplir des conflits, d'apporter de la joie et de la beauté à ceux qui vous entourent… Il en va ainsi du monde et des êtres, ils se laissent attendrir par ce qui a du charme et la beauté les apaise. Notez que l'amabilité de la Balance comporte un fort potentiel de séduction, et c'est une bonne chose… tant que cela ne tourne pas à la manipulation.

Un autre risque pendant cette phase est de prêter attention à l'autre au point de s'oublier. Comme souvent, la solution est dans le symbole du signe : l'équilibre. (On a tendance à l'oublier parfois, mais être humble n'est pas se rabaisser, mais être à sa juste place.)

Déployez l'énergie du SCORPION

L'initié qui scrute son obscurité
Trouve plus de lumière
Que mille esprits falots.

♏

DEVISE : J'APPROFONDIS

- Actions suggérées : vaincre ◊ approfondir ◊ sublimer
- Tempérament induit : lucide ◊ combattant ◊ pénétrant
- Sans tomber dans les travers suivants : obsessionnel ◊ morbide ◊ cynique
- Un temps pour : faire preuve de discernement

- **Aspect de sextile (60°) : Vierge-Scorpion : enrichissement mutuel ; complémentarité.**
- Énergie naturellement présente du 23 octobre au 22 novembre.

Par ce tirage, l'énergie du Scorpion sera votre complice. Vous reconnaissez son aptitude à disséquer les situations. Comme lui, vous savez percer les apparences, à la différence que vous usez de votre réflexion, et lui de son instinct. Si la Vierge refoule ses pulsions, ses intuitions, le Scorpion les suit avec intensité. Elles sont toutes à la fois boussole et préceptrice. Le Scorpion étant animé d'une énergie fixe, il s'agit pour vous de vous donner jusqu'au bout, et dans une seule direction. C'est une invitation à laisser de côté votre demi-mesure et à vivre pleinement.

Tel un sous-marin dérivant dans les Eaux profondes de l'esprit des choses, des êtres et des groupes, vous détecterez, pour ensuite les mettre à jour, les mécanismes psychologiques et émotionnels les plus intimes. Des prises de conscience émergent et invitent à abandonner de vieux schémas ou liens qui n'ont plus de raison d'être. Par ailleurs, ce regard pénétrant permet de sublimer les pulsions en un élan spirituel.

L'Eau des marais du Scorpion a pour fonction d'éliminer tous les processus nécrosés de notre vie, elle désagrège les éléments pourrissants pour mieux assainir la situation. Sa fixité implique la persévérance dans les sentiments, le Scorpion est un coureur de fond.

✴ **Un temps pour faire preuve de discernement et laisser parler son instinct. Lucide et tenace, l'énergie du Scorpion encourage la Vierge à voir au-delà des apparences et des postures. Observez attentivement**

votre entourage. Que percevez-vous de ce qu'ils ne montrent pas ? Que ressentez-vous lorsque vous êtes dans tel ou tel groupe ? Certes, le Scorpion tranche, mais il régénère aussi. Il est le jardinier qui coupe les branches mortes ou malades, afin que l'arbre reparte de plus belle.

Fiez-vous à votre intuition, elle sera votre meilleure alliée au fil de cette expérience, et servira fidèlement votre perspicacité. Par exemple, si un de vos projets comporte un point faible, vous saurez le détecter. À l'instant *t*, aiguillé vers une combativité froide et déterminée, vous prendrez vos responsabilités et trancherez sans remords.

Le Scorpion apporte du magnétisme. Vous pouvez simplement entrer en contact avec l'autre par le regard et votre seule présence. Vous ferez l'expérience de l'épaisseur énergétique qui peut naître de cette seule intention. Fermez un instant les yeux : avec un tel tirage, si vous étiez dans votre série *fantasy* préférée, vous quitteriez l'habit du ministre pour la robe du sorcier. Alors amusez-vous à faire des tours de magie, mais faites en sorte qu'elle soit plutôt blanche, la magie...

Enfin, ce signe facilite le contact avec votre énergie sexuelle. Elle est la source de votre être, laissez-la animer toutes les couches de votre vie. Après tout, on peut toucher les êtres qui nous entourent autrement que par des propos, certes pertinents, mais tranchants comme le fil d'un rasoir.

Déployez l'énergie du **SAGITTAIRE**

Sous mon échine roulent des muscles sauvages ;
La flamme de la Vérité conduit
mes flèches sans âge.

♐

DEVISE : JE SYNTHÉTISE

- Actions suggérées : explorer ◊ synthétiser ◊ transcender
- Tempérament induit : bon vivant ◊ philosophe ◊ enthousiaste
- Sans tomber dans les travers suivants : intolérant ◊ querelleur ◊ grossier
- Un temps pour : s'élever

- **Aspect de carré (90°) : Vierge-Sagittaire : dynamique ; tension ; progression.**
- Énergie naturellement présente du 23 novembre au 22 décembre.

Lorsque la Vierge rencontre le Sagittaire, il n'est plus question de Terres cultivées qu'il convient de faire fructifier avec patience et labeur. Voilà donc des contrées inconnues que l'on souhaite parcourir avec fièvre, des étoiles que l'on cherche à atteindre pour éclairer le genre humain. L'énergie du Sagittaire cherche à aller au-delà des limites connues. Elle est sublimée dans la poursuite de l'objectif qu'il souhaite atteindre.

Incarnation du philosophe, de l'enseignant ou tout au moins de l'initiateur, il pousse la Vierge à dépasser les limites qu'elle s'est fixées et à trouver du sens au-delà des premières nécessités. Il l'invite à viser ce qu'elle est parfaitement apte à toucher, mais qu'elle n'osait convoiter jusqu'alors, par modestie mais peut-être aussi par une certaine exiguïté dans sa façon d'envisager les possibles.

Jupiter, planète amie du Sagittaire ne permet justement à aucune étroitesse de subsister, tout s'épanouit par miracle à son contact.

La mutabilité du Feu du Sagittaire amène la Vierge vers une nouvelle prise de conscience d'elle-même et des autres. Par son Feu, le Sagittaire boostera la Terre de notre Vierge qui osera davantage, se révélera peut-être moins conventionnelle, voire joviale, aventurière et un brin anticonformiste.

✷ **Un temps pour explorer. Puisez sans retenue dans la confiance illimitée du Centaure. Présentement,** vous vous sentez l'âme d'un aventurier... Et si vous ne voulez pas sortir de vos fichiers Excel pour autant, pas de panique ! L'aventure peut très bien commencer au fond de votre lit. Le voyage du Sagittaire est avant tout intérieur et procède par étapes.

Il commence par les interrogations suivantes : si je devais me dépasser, me transcender, ce serait pour faire quoi ? Pour aller où ?

Ensuite, il se dit : si je fais quelque chose de positif pour les autres, cette action le sera aussi pour moi... Tandis que si je cherche juste mon bonheur personnel, je renforcerai l'individualisme qui règne.

À partir de là, guidé par une motivation altruiste, recherchant les besoins de sa communauté, le Sagittaire arrive à s'extraire de lui-même et donc de son intérêt personnel. Procédant ainsi, il accède à une vue de la situation dans son ensemble. Et c'est ce simple procédé qui lui permet de trouver si souvent des solutions inédites. D'ailleurs, cette façon de penser est relativement proche de la Vierge, ce devrait être simple à mettre en œuvre.

Le Centaure est traversé par des instincts aussi archaïques qu'élevés. Tout le travail sera de prendre le meilleur de ces deux pôles, sans basculer dans l'un ou dans l'autre. Observez vos pulsions pendant cette période, peut-être serez-vous plus sanguin que de coutume, colérique, gourmand ou impatient. Ou peut-être serez-vous traversé par des aspirations sublimes… Dans tous les cas, vous serez très vivant, car le Centaure est prompt à l'appel de l'âme comme à celui de la chair.

Relié aux forces premières, le Sagittaire est porteur d'une contagieuse confiance. Pour lui, tout est possible. C'est la foi. Une certaine simplicité émane de cette énergie qui sait synthétiser et vulgariser les concepts les plus arides… non sans humour. C'est la raison pour laquelle on le retrouve souvent parmi les pédagogues.

Déployez l'énergie du **CAPRICORNE**

Ici règne la terre gelée, la vie endormie ;
Les colonnes de mon temple sont
Maîtrise et Patience.

♑

DEVISE : JE RÉALISE

- Actions suggérées : construire ◆ aboutir ◆ rationaliser
- Tempérament induit : sérieux ◆ pragmatique ◆ engagé
- Sans tomber dans les travers suivants : cassant ◆ passéiste ◆ patriarcal
- Un temps pour : maîtriser

- **Aspect de trigone (120°) : Vierge-Capricorne : coopération ; harmonie ; aide.**
- Énergie naturellement présente du 23 décembre au 21 janvier.

Une haute montagne enneigée, encerclée d'une mer de nuages. Sur un de ses versants, les dieux déposèrent là, il y a bien longtemps, un arbre aux racines noueuses et aux branches tordues par les vents. Et depuis, il persévère. Bienvenue sur les Terres cardinales du Capricorne. Ici, il fait froid, et ce n'est pas forcément tous les jours qu'on rigole. Le Capricorne possède une puissante capacité de réalisation, une ambition implacable et objective. Tout cela, ainsi que la réussite qui en découle, il ne le doit qu'à lui, et à son code disciplinaire drastique. Vous pouvez rire avec le Capricorne, mais pas avant d'avoir achevé le travail qu'il vous a commandé.

La Terre du Capricorne vient cristalliser la Terre de la Vierge. Le Capricorne s'adresse à vous ainsi : « *Tu as compris que le travail rend autonome, qu'il a le pouvoir de libérer. Je te demande maintenant de voir plus grand, d'être plus ambitieux* ». C'est une mise au défi, et l'opportunité de matérialiser certains projets.

Tout comme la Vierge, le Capricorne fonde ses décisions sur des données objectives. À une nuance près : il fait moins de nuances. Le Capricorne vous demande de ne pas vous laisser gagner par l'affectivité, mais d'évaluer froidement les situations et les personnes. Le couperet Capricorne vient enseigner qu'un excès de réflexion, d'autoévaluation, peut entraver l'action.

- Un temps pour construire. À l'heure actuelle, vous êtes appelé à poursuivre une œuvre qui est vouée à se cristalliser et à durer. Ce que vous consolidez aujourd'hui (peut-être trop lentement à votre goût) est fait pour perdurer et idéalement transmis le temps venu. Plus que jamais, il vous faudra être rationnel et détaché, garder la tête froide en toutes circonstances. Tout au long de votre réalité Capricorne, vous devrez faire preuve de constance, même si vous êtes face à une entreprise fastidieuse ou aride. Vous vous imposerez donc par votre expertise, votre posture, votre capacité à encadrer (et recadrer) les autres et à ne pas vous laisser gagner par votre nervosité. Vous ne laisserez pas de place à l'erreur pendant cette période. Soyez également attentifs à la manière dont pourraient se manifester des personnes âgées, ou porteuses d'un patrimoine ou bien d'une tradition dont vous êtes le dépositaire. C'est la période idéale pour les honorer et s'inscrire dans leur sillon.

Cette phase implique le respect des règles édictées, et une conscience aiguë du bien commun. Nous sommes au cœur des structures, nous agissons en accord avec les principes collectifs, et tout cela est très raisonnable.

Le paradoxe du Capricorne (qui lui occasionne parfois quelques coups de blues) : maintenir et nourrir les structures tout en portant la conscience qu'elles ne sont que transitoires. Durant cette période, les valeurs de la Vierge vous seront très utiles pour ne pas céder à cette mélancolie : elle, mieux que personne, œuvre en acceptant d'être un maillon dans l'infinie chaîne des existants. Hauteur de vue, pragmatisme et détachement donneront à vos actes une dimension, n'ayons pas peur des mots, spirituelle.

♑

Déployez l'énergie du VERSEAU

À mon pouls, je sens battre l'Humanité ;
Chaque soleil naissant, j'invente ses lendemains.

♒

DEVISE : JE VAIS AU-DELÀ

- Actions suggérées : innover ◊ fraterniser ◊ universaliser
- Tempérament induit : altruiste ◊ idéaliste ◊ iconoclaste
- Sans tomber dans les travers suivants : individualiste ◊ puéril ◊ impulsif
- Un temps pour : partager

✷ **Aspect de quinconce (150°) : Vierge-Verseau : ouverture aux autres ; incitation au dépassement de soi par de nouveaux objectifs.**

✷ Énergie naturellement présente du 22 janvier au 20 février.

C'est une rencontre de choc à laquelle vous êtes appelé. Imaginez les conventions de la Vierge face à l'originalité, voire la transgression, Verseau.

À l'image d'une fusée, le Verseau, signe d'Air, permet à la Terre de la Vierge de décoller. Ce tirage peut tout à la fois vous décoiffer et vous permettre de toucher une part un peu folle mais pour autant authentique de votre être. Le Verseau prône le renversement du jeu, l'inédit, le dépassement des idées séculaires et poussiéreuses. Vous n'allez pas vous ennuyer !

Il poussera la Vierge vers plus de fantaisie, au-delà d'une certaine bien-pensance et l'incitera à prendre en compte de nouveaux éléments dans sa situation actuelle. Quels outils innovants vont vous faciliter la tâche ? Quelles nouvelles personnes surviennent dans votre vie ? Dans quelle cause humanitaire, ou simplement « humaniste », pourriez-vous vous inscrire ? Le Verseau est souvent le signal d'une accélération, d'un progrès, concernant vos recherches et préoccupations du moment. Attention toutefois à ne pas vous éparpiller, car l'appel d'Air qu'il apporte ne pousse pas à la mesure, et la Vierge pourrait bien être prise de vertiges devant ces montagnes russes.

Toujours est-il que vous pouvez considérer cette phase comme l'arrivée d'un renfort frais, doté d'un solide sens de la camaraderie.

✷ Un temps pour fraterniser. Au cours de votre réalité Verseau, vous allez vivre l'ouverture au groupe et au monde. Mais plus que cela, vous éprouverez la sensation que vos propositions sont acceptées, et même mieux, accueillies avec enthousiasme. C'est un vent de liberté et disons-le, d'amour humaniste, qui souffle le long de votre toge, profitez-en ! Demandez-vous ce que le monde peut vous offrir, et ce que vous pouvez offrir au monde, sans vous soucier du poids du collectif ou de la société. Avec Uranus à vos côtés, c'est l'originalité et l'innovation qui mènent la barque. Vous serez apprécié pour votre fantaisie et votre camaraderie. Comme le Verseau citoyen du monde moderne, vous serez amené à être ultra-connecté. Ne vous laissez pas pour autant déborder par l'ivresse du tout-communicant.

Au-delà de cette escapade fantasque et passionnée, vous pourriez expérimenter un trait significatif : la fixité de ce signe d'Air implique une qualité de persistance dans l'action, mais aussi parfois un mental sujet à l'entêtement. Nous vous invitons plutôt à optimiser la belle ténacité et le dévouement induits par cette caractéristique.

Enfin, cette immersion dans les valeurs Verseau est l'occasion rêvée de s'interroger sur la place que tient l'amitié dans votre vie, car le Verseau est l'ami par excellence. Et cet ami sera peut-être plus présent que de coutume, voilà l'occasion de lui faire la part belle.

Déployez l'énergie des POISSONS

Amour est mon nom ; Amour est ma quête ;
Quel autre cap sous le firmament ?

♓

DEVISE : J'ACCEPTE

- Actions suggérées : communier ◊ donner ◊ embrasser
- Tempérament induit : réceptif ◊ imaginatif ◊ empathique
- Sans tomber dans les travers suivants : influençable ◊ insaisissable ◊ plaintif
- Un temps pour : aimer

✳ **Aspect d'opposition (180°) : Vierge-Poissons : intégration ; confrontation.**

✳ Énergie naturellement présente du 21 février au 19 mars.

C'est le grand écart pour la Vierge, signe opposé des Poissons. Ici, il n'y a pas grand-chose à intellectualiser, mais tout à ressentir. Une seule solution, embarquez sur le premier chalutier venu, puis une fois au large, l'ancre jetée, plongez. Plongez dans ce monde bleu où les vagues soupirent qu'elles ne connaissent ni limites, ni frontières. Tel est l'environnement des Poissons. Les Eaux dissolvent toutes les formes et submergent la multitude. Ainsi, l'individu absorbé dans la totalité peut s'identifier à tous, en pleine conscience de l'Absolu, dont il se sait issu.

Pour la Vierge qui n'a de cesse de définir ses propres limites, de jauger le travail à accomplir, la question demeure : comment parvenir au lâcher-prise des Poissons ?

Pendant cette phase, il faut accepter de ne rien contrôler. La tournure des événements est parfois chaotique, mais il ne faut pas s'en inquiéter, juste prendre patience, et laisser aux nouvelles configurations le temps de s'agencer. En tant que dernier signe du Zodiaque, les Poissons représentent un aboutissement. Ils tendent vers l'acceptation, mais aussi vers la dissolution de toutes les expériences vécues. C'est un temps de digestion à l'issue duquel il ne doit rester que l'essentiel.

Au cours de cette expérience, vous pourriez être submergé par vos émotions, ou traversé par des rêves fantasques. Votre créativité sera boostée. Goûtez la joie de la sentir palpiter au fond de vous, sans pour autant en chercher les fruits.

- Un temps pour aimer. La Vierge doit plonger en haute mer. Considérez absolument tout l'espace, toute la création. Votre intuition vous souffle que les limites ne sont qu'illusions, et que l'Autre est un miroir. Dans ces conditions, la seule chose à faire est d'aimer, sans jugement, sans exception ni condition, ou tout au moins : comprendre.

En présence d'une personne que vous n'appréciez pas, prenez la mesure de ce qui vous rapproche. Abolissez la frontière entre vous, développez de l'empathie à son égard. Demandez-vous si vous pourriez faire quelque chose pour elle, un geste simple et aimant ou peut-être simplement lui reconnaître intérieurement une qualité d'être. Les occasions d'offrir quelque chose ne manqueront pas, libre à vous de décider à qui. L'amour et le don sont en effet les deux nageoires de nos Poissons. À vous de voir s'il s'agit d'offrir un objet symbolique, un peu de votre temps ou bien votre pardon. Ne vous attendez pas à être compris aujourd'hui, vous serez probablement perçu comme insaisissable. Pendant cette expérience Poissons, vos pensées seront peut-être plus fécondes qu'habituellement mais aussi plus floues, plus nébuleuses. Ne prenez pas pour argent comptant toutes les perceptions qui vous traverseront, Neptune, maître des Poissons excelle dans l'art de dispenser des brumes.

LE POÈME DU ZODIAQUE

Sur l'horizon se lève mon ardeur indomptée ;
Champion ourlé de flammes, je m'apprête à jouter.

Puissance exhale de mes naseaux fumants,
À chacun de mes pas, volupté
des fleurs naissantes.

Nous, riants frères aux mains mêlées ;
L'esprit aligné sur le cœur.

Au reflux de mes vertiges, l'eau bruissante ;
Toujours moi-même... Mais qui suis-je ?

Soleil triomphant ;
La vie me fait cortège.
Que je rugisse,
Et tout se désagrège.

Je sers, je sème, je moissonne ;
Ô joie,
Toute graine aimée donne nourriture aux hommes.

De Toi et de Moi naîtra l'Harmonie parfaite ;
Dans le chœur céleste, chacun joue sa partition.

L'initié qui scrute son obscurité
Trouve plus de lumière
Que mille esprits falots.

Sous mon échine, roulent des muscles sauvages ;
La flamme de la Vérité conduit mes flèches
sans âge.

Ici règne la terre gelée, la vie endormie ;
Les colonnes de mon temple sont Maîtrise
et Patience.

À mon pouls, je sens battre l'Humanité ;
Chaque soleil naissant, j'invente ses lendemains.

Amour est mon nom ; Amour est ma quête ;
Quel autre cap sous le firmament ?

Interroger l'oracle au sujet de problématiques précises

Lorsque vous serez plus à l'aise avec vos tirages quotidiens, n'hésitez pas à poser des questions dites de « stratégie ». Quand vous en arriverez là, n'oubliez pas de poser des questions ouvertes, du type : « Comment dois-je procéder pour que la relation évolue au mieux avec Gérard ? » Ce qui vous apportera beaucoup plus d'informations constructives que le triste : « Gérard va-t-il me quitter ? » symptomatique d'une question fermée (et d'une vision de la relation qui n'est guère plus ouverte).

PROPOSITIONS DE QUESTIONS

SI VOUS AVEZ BESOIN D'UN PETIT COUP DE POUCE POUR VOUS LANCER

- Comment aider au mieux mon ami/enfant/proche ?
- Quelle attitude dois-je adopter pour trouver l'appartement/la maison/le château de mes rêves ?
- De quelle manière dois-je préparer mon entretien professionnel/mon examen/ma compétition du 12 février prochain ?
- Comment dois-je procéder pour trouver ma place dans telle situation ?
- Dans quelle direction dois-je m'engager pour que ma vie évolue au mieux ?
- Ou encore : Quelle est ma vocation ?

VOTRE JOURNAL DE TIRAGE

Un journal de tirage, pour quoi faire ?

Dans votre journal de tirage, vous êtes invité à relever tout ce qui vous a semblé vraiment significatif (ne notez pas les détails sinon vous n'aurez très vite plus de place).

Indiquez de façon très lisible la date, la maison et le signe. Puis ce qui a résonné de façon majeure avec votre tirage. Notez aussi vos réactions face à la dynamique reconnue, vos difficultés concernant l'application de la stratégie conseillée, mais aussi vos victoires (y'a pas de mal à se faire du bien) !

À moyen terme, quand vous aurez alimenté cet espace, tel un archiviste, vous pourrez venir y puiser de précieuses données... Et si votre attitude ne vous avait pas donné entière satisfaction lors du premier *round* dans tel signe et telle maison, vous aurez, à l'aide de vos notes, des informations à disposition pour jouer différemment le match retour.

Par ailleurs, ce journal vous permet aussi d'observer si des schémas se répètent. Peut-être qu'un signe ou une maison se manifeste particulièrement pendant une période… Cela peut valoir le coup d'y réfléchir ; mine de rien, ce sont de précieux indicateurs de vos dynamiques de vie, directions qui n'apparaissent pas aussi limpidement quand vous êtes pris dans le flot du quotidien.

Créer son propre jeu

Les cartes fournies avec le livre sont jolies et remplissent très largement leur office. Mais si jamais vous ressentiez l'envie de créer votre propre jeu, alors suivez ce désir ! Cela crée une relation particulière avec l'outil. À l'instar des druides qui gravaient leurs runes sur des morceaux de bois ou des galets, il devient alors un objet véritablement unique, reflet de votre personnalité. Et s'il vous est difficile de trouver des petites languettes de bois ou si vous n'avez pas le temps d'aller chercher des galets, il existe par exemple des sets de table en imitation cuir, peu coûteux, qu'il est facile de découper en petits carrés sur lesquels vous pouvez inscrire chaque symbole à l'aide d'un feutre indélébile… À vous de voir !

L'essentiel est que vous y preniez du plaisir, et au cas où vous seriez ravi du résultat au point d'avoir envie de le partager, vous pouvez le publier sur un de vos réseaux sociaux en mentionnant les Éditions Jouvence. Elles se feront une joie de le relayer !

VOTRE JOURNAL DE TIRAGE

Date : ....

Question de tirage (si personnalisée) : ....

....

Maison : ....

Signe : ....

Résonnances : ....

....

Difficultés éventuelles : ....

....

Date : ....

Question de tirage (si personnalisée) : ....

....

Maison : ....

Signe : ....

Résonnances : ....

....

Difficultés éventuelles : ....

....

LE MOT DE LA FIN

« La Nature est un temple
où de vivants piliers
Laissent parfois sortir de confuses paroles ;
L'homme y passe à travers des forêts
de symboles
Qui l'observent avec des regards familiers. »

Extrait de « Correspondances », *Les Fleurs du Mal*, 1857, Baudelaire.

Nous espérons que cette introduction ludique à l'astrologie vous rapprochera de la nature, de **votre** nature… Qu'elle vous aidera à mieux appréhender ces paroles qui ne sont confuses que pour les gens pressés, ceux qui ne prennent plus le temps d'écouter, et qu'elle vous sera boussole dans cette si fameuse « forêt de symboles » qui n'attend rien d'autre que vous veniez y danser.

Dépôt légal : avril 2021
Achevé d'imprimer par Rotografika en mars 2021
Imprimé en Serbie

I
P.74

II
P.75

III
P.75

IV
P.76

V
P.77

VI
P.77

VII
P.78

VIII
P.78

IX
P.79

X
P.80

XI
P.80

XII
P.81